필수 여행일어회화

손안에 쏘옥~

윤영자 지음

필수 여행일어회화

가림 Let's

손안에 쏘옥~
필수 여행일어회화

2004년 1월 20일 제1판 1쇄 발행

지은이/윤영자
펴낸이/강선희
펴낸곳/가림Let's

등록/2001. 12. 1. 제5-206호
주소/서울시 광진구 구의동 57-71 부원빌딩 4층
대표전화/458-6451   팩스/458-6450
홈페이지 http://www.galim.co.kr
e-mail galim@galim.co.kr

값 6,500원

ⓒ 윤영자, 2004

저자와의 협의하에 인지를 생략합니다.
무단 복제 · 전재를 절대 금합니다.

ISBN 89-89967-09-0 03730

가림출판사 · 가림M&B · 가림Let's 의 홈페이지(http://www.galim.co.kr)에 들어오시면 가림출판사 · 가림M&B · 가림Let's의 신간도서 및 출간 예정 도서를 포함한 모든 책들을 만나실 수 있습니다.
온라인 서점을 통하여 직접 도서 구입도 하실 수 있으며 가림 홈페이지 내에서전국 대형 서점들의 사이트에 링크하시어 종합 신간 안내 및 각종 도서 정보, 책과 관련된 문화 정보를 받아보실 수 있습니다. 또한 홈페이지 방문시 회원으로 가입하시면 신간 안내 자료를 보내드립니다.

　'일본' 하면 늘 수식어처럼 따라다니는 말이 가깝고도 먼 나라라는 말이다. 왜 가깝고도 먼 나라일까? 지리적으로도 가깝고 기후나 사람 생김새도 비슷한데 이 말은 언제나 꼬리표처럼 따라다닌다.

　일본과의 스포츠 경기는 무슨 일이 있어도 이겨야 하며, 밤을 새워서라도 보고야 만다. 왜, 무엇 때문에 우리는 그토록 그들에게 앙금이 남아 있는가? 아마도 과거에 그들이 남긴 좋지 않은 기억이 지금껏 많은 사람들의 마음속에 자리잡고 있기 때문일 것이다. 하루아침에 이미지가 달라질 수는 없지만 잊을 만하면 툭툭 튀어나오는 일본 정치인들의 망언이 어쩌면 양국 간의 심리적 거리를 좁히는데 있어서 결정적인 장애물이 되지 않나 싶다.

　그러나 엄연한 현실은 일본은 선진국 대열에 끼여 있으며, 국력도 무시 못 하는 나라가 되었다는 점이다. 이러한 현실을 볼 때 이제 그들을 적이 아닌 또 다른 시각으로 봐야 할 때가 온 것이다. 그들의 좋은 점은 받아들여 우리 것으로 소화하고, 우리에게 해가 되는 것은 지적해야 할 것이다.

　2002년은 한일 교류의 해 이었고 아울러서 2002년 한일 월드컵도 개최되었던 해 이었다. 또한 문화 교류로서 1998년 김대중 대통령이 방일시 일본 대중 문화의 개방을 천명함에 따라 지금까지는 교류가 없었던 일본 영화를 볼 수 있게 되었고 음악을 들을 수 있게 되었다.

　이러한 움직임들 속에 우리의 가치관은 조금씩 변해 가고 있다.

　한일 간의 교류도 점점 활발해지고 있으며, 일본 젊은이들도 그들의 우상인 보아를 통해, 그리고 한국에서 인기를 끌었던 겨울연가를 통해 한국을 또 다른 시각으로 보고 있다. 이제는 우리도 또 다른 관점으로 일본을 보아야 할 때가 된 것이다. 기존의 일본관을 체험을 통한 자기 자신만의 일본관으로 만드는 것은 어떨까? 그 나라에 직접 가서 체험으로 느낀 일본, 일본 사람을 자신이 가지고 있었던 관점과 비교해 보면서 세계의 정상에 선 그들을 한번쯤 느껴 보는 것은 어떨까?

　항상 따라다니는 수식어 '가깝고도 먼 나라' 가 아니라 친숙한 일본이 되는데 작지만 도움이 되기를 바라면서 이 책을 쓴다.

2003년 12월
윤 영 자

Contents

기본의 기본   21

비행기를 탔을 때   31

Contents

Contents

Contents

이 책의 특징

　여행이란 단어가 가져다 주는 설렘은 떠나기 전날까지 밤잠을 설칠 정도이다. 여행지가 국내이든 국외이든 그 설렘은 이루 말할 수 없다. 그러한 설렘으로 시작한 미지에서의 낯선 경험이 살아가는데 있어서 좋은 활력소가 되기도 하지만, 그렇지 않았을 경우 정반대로 '차라리 가지 않았으면 좋았을 것을…' 이라고 하면서 우리는 후회하기도 한다.

　다른 나라를 여행하는데 있어서 제일 고민되는 것은 역시 언어 문제이다. 음식 문제는 나름대로 맞춘다고 해도 어딜 가고 싶은지, 어디에 있는지, 무얼 먹고 싶은지를 말해야 할 때 언어가 통하지 않는다면 그 답답함은 실로 무어라 말할 수 없을 것이다. 그러한 고민과 뜻하지 않은 사고가 생겼을 경우 등을 대비해 여러 가지 상황에 맞는 간단하면서 자주 쓰이는 표현들을 정리해 보았다. 친구 중에 영어는 능숙한 반면 일어가 능통하지 않아 일본을 여행하는 동안 내내 투덜거렸던 친구가 생각난다.

　이 책이 그러한 모든 문제들을 해결하는데 도움이 되었으면 하는 바람이다.

가고자 하는 곳에 대한 간단한 지식

일본의 날씨는 우리나라와 비슷하다. 그러나 우리나라보다 여름에는 습기가 많고 겨울에는 바람에 의한 추위가 굉장히 심하다. 물론 지역에 따라서는 조금의 차이가 있지만 홋카이도의 경우는 겨울 날씨가 우리나라와 같이 영하 10도 이하로 내려가고 눈도 많이 내린다. 겨울에 홋카이도를 여행할 계획이 있다면 복장에 세심한 준비가 필요하다.

또한 일본은 우리나라와 달리 쇼핑이나 식사를 할 경우 소비세 5%가 가산된다. 예를 들면, 1,000엔 짜리 물건에 소비세 5%가 붙어서 1,050엔이 된다. 그래서 나중에 보면 1엔, 5엔 짜리도 많이 쓰이게 된다는 것을 알게 될 것이다. 이럴 경우를 대비해 동전지갑 하나쯤 준비해 가는 것도 좋을 듯 싶다.

여행을 할 때에는 최대한의 가벼운 짐과 즐거운 마음으로 시작하는 것이 좋다. 짐이 너무 많아서 정작 봐야 할 곳을 짐 때문에 보지 못한다면 모처럼의 여행은 짐으로 인한 노동이 될 것이다.

짐 꾸리기 체크

1. 여권과 항공권 : 소중히 보관해야 하며 만일을 대비해 반드시 앞면은 복사해 둔다.

2. 환전 : 일본 은행에서 한국 돈을 바꾸기란 쉽지 않다. 되도록이면 한국에서 바꿔 가되 큰돈보다는 작은 돈으로, 현금보다는 여행자 수표를 끊어 가자. 이것 또한 만일을 대비해 수표번호를 적어두도록 한다.

3. 옷 : 어느 계절이냐에 따라서 옷의 부피가 커질 수도 있고 작아질 수도 있다. 한여름이라도 긴 팔을 하나 정도는 준비해 가는 것이 좋다(접는 우산 하나 정도와 머물 곳이 호텔이 아니라면 수건과 세면도구는 반드시 챙겨 간다).

4. 구급약 : 평소에 복용하는 약이 있다면 반드시 챙겨야 하고 멀미약, 감기약, 두통약 정도는 준비해 가도록 한다.

5. 신발 : 여행은 발이 편해야 한다. 운동화나 슬리퍼를
하나씩 갖고 간다.

6. 카메라와 필름 : 여행에서 남는 것은 역시 사진뿐이
다. 이 모든 소중한 추억을 담기 위해서는 카메라가 필수
이며, 필름은 한국에서 많이 사가는 것이 좋다.

7. 여행 안내 책자 : 여행을 떠나기 전에 미리 가고자
하는 나라에 대해 충분한 지식을 쌓아 간다. 시중에는 여
러 가지 다양한 소재로 일본을 소개한 책들이 많이 나와
있다. 그 중에 가고자 하는 곳에 대한 자세한 설명이 나
와 있는 것을 골라 한 권 정도는 갖고 가도록 한다.

8. 작은 가방 : 수첩이나 지갑 정도는 항상 넣어 다닐
수 있는 것으로 준비해 가는 것이 좋다.

공항부터 여행은 시작이다

최소한 비행기 출발 2시간 전에는 공항에 도착해야 한다. 아무리 꼼꼼히 짐을 챙겼다고 해도 빠진 것도 있을 것이며, 성수기에는 짐을 부치는데 시간이 많이 걸리기 때문이다. 또한 환전을 하지 못했다면 공항에 있는 환전소에서 환전을 한다. 탑승권을 받은 다음 자신의 것과 같은 여행용 가방이 있을 수 있으므로 수화물표에 반드시 이름을 써넣도록 한다. 출입국 카드는 출국심사대에서 검사하므로 미리 작성해 두는 것이 좋다.

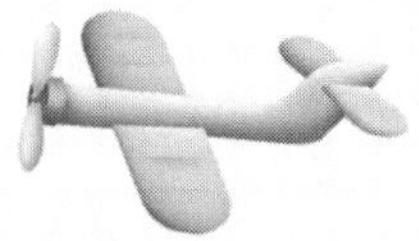

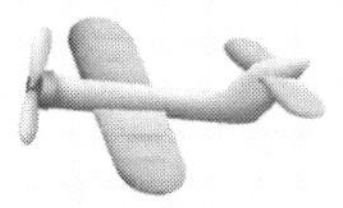

기본의
기본

인사하기

안녕하세요.
おはよう ございます。 〈〈〈 아침인사
오하요-고자이마쓰

안녕하세요.
こんにちは。 〈〈〈 낮인사
콘니찌와

안녕하세요.
こんばんは。 〈〈〈 저녁인사
콤방와

처음 뵙겠습니다.
はじめまして。
하지메마시떼

안녕히 가세요. / 안녕히 계세요.
さようなら。
사요-나라

안녕히 주무세요.
お休(やす)みなさい。
오야스미나사이

감사합니다.
ありがとうごさいます。
아리가또-고자이마쓰

어떻게 지내세요?
お元気(げんき)ですか。
오겡끼데쓰까

잘 부탁합니다.
よろしく お願(ねが)いします。
요로시꾸 오네가이시마쓰

만나서 반갑습니다.
お会(あ)いできて うれしいです。
오아이데끼떼 우레시-데쓰

여러 가지로 신세 많이 졌습니다.
いろいろ お世話(せわ)になりました。
이로이로 오세와니나리마시따

영어를 합니까?

미안합니다. / 저기요.

すみません。

스미마셍

영어 할 줄 아세요?

英語(えいご)が できますか。

에이고가 데끼마쓰까

죄송합니다.

申(もう)し訳(わけ)ありません。

모ー시와께아리마셍

조금 천천히 말씀해 주세요.

もう少(すこ)し ゆっくり 話(はな)して ください。

모ー스꼬시 육꾸리 하나시떼 쿠다사이

여기에 적어 주세요.

ここに 書(か)いて ください。

고꼬니 카이떼 쿠다사이

일본어는 전혀 못 합니다.

日本語(にほんご)は, ぜんぜん できません。

니홍고와 젠젠 데끼마셍

다시 한 번 부탁합니다.

もう一度(いちど) お願(ねが)いします。

모-이찌도 오네가이시마쓰

한 번 더 말씀해 주세요.

もう一度(いちど) 言(い)って ください。

모-이찌도 잇떼 쿠다사이

양해를 구할 때

담배를 피워도 될까요?

タバコを 吸(す)っても いいですか。

타바꼬오 슷떼모 이이데쓰까

전화를 사용해도 될까요?

電話(でんわ)を 使(つか)っても いいですか。

뎅와오 쯔깟떼모 이이데쓰까

창문을 열어도 될까요?

窓(まど)を 開(あ)けても いいですか。

마도오 아께떼모 이이데쓰까

사진을 찍어도 될까요?

写真(しゃしん)を 撮(と)っても いいですか。

샤싱오 돗떼모 이이데쓰까

여기 앉아도 될까요?

ここに 座(すわ)っても いいですか。

코꼬니 스왓떼모 이이데쓰까

자신을 소개할 때

처음 뵙겠습니다.

はじめまして。

하지메마시떼

저는 김미나라고 합니다.

私(わたし)は キムミナと 申(もう)します。

와따시와 김미나또모-시마쓰

일본은 처음입니다.

日本(にほん)は 初(はじ)めてです。

니홍와 하지메떼데쓰

저는 한국에서 왔습니다.

私(わたし)は 韓国(かんこく)から 来(き)ました。

와따시와 캉꼬꾸까라 키마시따

저는 대학생입니다.

私(わたし)は 大学生(だいがくせい)です。

와따시와 다이각세이데쓰

저는 회사원입니다.

私(わたし)は 会社員(かいしゃいん)です。

와타시와 카이샤잉데쓰

잘 부탁드립니다.

よろしく お願(ねが)いします。

요로시꾸 오네가이시마쓰

비행기를
탔을 때

기내에서의 정보

우리나라 비행기를 탄다면 문제가 없겠지만 일본 비행기를 탈 경우에는 일본말을 한두 마디 정도쯤 배워 가는 것이 좋다. 예를 들면, 어떤 것을 부탁할 때에는 (〜をください. 〜을 주세요)를 사용하면 될 것이다. 먼저 탑승을 하면 좌석 번호는 A B C… 순서로 되어 있다. 좌석을 잘 모를 경우에는 승무원에게 물어보며, 물어볼 경우에는 (〜を 教えてください. 〜을 가르쳐 주세요)라고 하면 된다. 좌석 옆에는 영화나 음악을 들을 수 있는 이어폰이 있다. 또한 이착륙시에는 좌석을 뒤로 눕히지 말아야 하며, 안전벨트를 반드시 매도록 한다.

또한 입국 카드를 꼭 작성하도록 한다.

내 자리 찾기

제자리는 어디입니까?

私(わたし)の 席(せき)は どこですか。

와타시노 세키와 도꼬데쓰까

여기는 제자리입니다만.

ここは 私(わたし)の 席(せき)ですが。

코꼬와 와타시노 세키데쓰가

죄송한데요, 지나가게 해주세요.

すみませんが, 通(とお)して ください。

스미마셍가, 토오시떼 구다사이

죄송하지만, 자리 좀 바꿔주시겠습니까?

すみませんが, 席(せき)を かわって もらえませんか。

스미마셍가, 세키오 가왓떼 모라에마셍까

의자를 뒤로 눕혀도 될까요?

シートを 倒(たお)しても いいですか。

씨-토오 타오시떼모 이이데쓰까

주위 승객이 불편을 줄 때

죄송하지만 의자 좀 세워주시겠어요.

すみませんが, いすを おこして もらえませんか。

스미마셍가, 이스오 오꼬시떼 모라에마셍까

죄송합니다만, 조용히 좀 해주실래요.

すみませんが, ちょっと しずかに して もらえませか。

스미마셍가, 춋또 시즈까니 시떼 모라에마셍까

서비스 제대로 받기와
승무원에게 부탁하고 싶을 때

한국어 신문이 있어요?

韓国語(かんこくご)の 新聞(しんぶん)は ありますか。

캉꼬꾸고노 심붕와 아리마쓰까

화장실은 어디입니까?

トイレは どこですか。

토이레와 도꼬데쓰까

펜을 주세요.

ペンを ください。

펭오 쿠다사이

이 종이 적는 법을 가르쳐 주세요.

この 紙(かみ)の 書(か)き方(かた)を 教(おし)えて くだ
さい。

코노 카미노 카끼까따오 오시에떼 구다사이

헤드폰 상태가 좋지 않은데요.

ヘットホンの 調子(ちょうし)が わるいのですが。

헷또혼노 죠-시가 와루이노데쓰가

좌석을 옮겨도 될까요?

席(せき)を 移(う)っても いいですか。

세끼오 우쯧떼모 이이데쓰까

얼마 후에 일본에 도착합니까?

あと どのぐらいで 日本(にほん)に 着(つ)きますか。

아또 도노구라이데 니혼니 츠끼마쓰까

기내 면세품 사기

이것을 사고 싶은데요.

これを 買(か)いたいのですが。

코레오 카이따이노데쓰가

이것을 주세요.

これを ください。

코레오 쿠다사이

달러도 괜찮아요.

ドルでも いいですか。

도르데모 이이데쓰까

원으로 얼마예요?

ウォンで いくらですか。

원데 이꾸라데쓰까

신용카드도 괜찮아요.

クレジットカードでも いいですか。

크레짓또카—도데모 이이데스까

컨디션이 좋지 않을 때

담요 한 장 주실래요.

毛布(もうふ) 一枚(いちまい) お願(ねが)いします。

모-후 이찌마이 오네가이시마쓰

좀 추운데요, 에어컨을 꺼주실래요.

ちょっと 寒(さむ)いのですが, エア-コンを 切(き)って
いただけまんか。

춋 토 사무이노데쓰가, 에아콘오 킷떼 이따다께마쓰까

소화제를 주시겠어요.

消化剤(しょうかざい)を いただけますか。

쇼-까자이오 이따다께마쓰까

두통약을 주세요.

頭痛薬(ずつうやく)を 下(くだ)さい。

즈쯔-야꾸오 쿠다사이

멀미약 있어요?

酔(よ)い止(どめ)の 薬(くすり)は ありますか。

요이도메노 쿠스리와 아리마쓰까

입국신고서 작성

입국 카드를 주세요.

人国(にゅうこく)カードを ください。

뉴-꼬꾸카-도오 쿠다사이

펜을 좀 빌려주세요.

ペンを かして ください。

펭오 카시떼 쿠다사이

쓰는 방법을 알려 주세요.

書(か)き方(かた)を 教(おし)えて ください。

카끼카따오 오시에떼 쿠다사이

죄송하지만 한 장 더 주세요.

すみませんが, 紙(かみ)をもう一枚(いちまい) お願(ねが)いします。

스미마셍가, 카미오모-이찌마이 오네가이시마쓰

여기에는 무엇을 쓰면 됩니까?

ここには 何(なに)を 書(か)いたら いいですか。

코꼬니와 나니오 카이따라 이이데쓰까

도착된
공항에서

입국 절차시 유용한 정보

일본에 입국할 때는 입국 카드를 작성하여 입국 심사시 제출해야 한다. 여기서 몇 가지 질문을 받을 것이다. 예를 들면, 방문 목적이라든가, 체류 일정, 어디서 묵을 것인가, 전화번호 등. 주로 관광이 되겠지만 학생이라면 답사라든가 학교를 알아본다든가 등 여러 가지로 대답을 할 수 있을 것이다. 또한 미리 머물 곳의 주소와 전화번호를 적어 가는 것도 좋다. 입국 심사가 통과된 후에는 1층으로 내려가 타고 온 비행기의 수화물 취급소에서 짐을 찾는다.

다른 비행기로 갈아탈 때

UA 882편으로 갈아타고 싶은데요.

UA 882便(びん)に 乗(の)り換(か)え したいのですが。

유에이 하치하치니빙니 노리까에 시따이노데쓰가

탑승 게이트는 어디입니까?

搭乗(とうじょう)ゲートは どこですか。

토-죠게-토와 도꼬데쓰까

입국심사대에서

여권을 보여 주세요.

パスポートを 見(み)せて ください。

파스뽀-또오 미세떼 쿠다사이

여행목적은 무엇입니까?

旅行(りょこう)の 目的(もくてき)は なんですか。

료-꼬노 모꾸떼끼와 난데쓰까

관광입니다.

観光(かんこう)です。

캉꼬-데쓰

비즈니스입니다.

ビジネスです。

비지네스데쓰

일본에는 며칠 동안 머뭅니까?

日本(にほん)には 何日間(なんにちかん) 滞在(たいざい) し
ますか。

니혼니와 난니찌깡 타이자이 시마쓰까

7일 동안 머뭅니다.

7日間(なのかかん) 滞在(たいざい) します。

나노까깐 타이자이 시마쓰

어디서 머뭅니까?

どこに 滞在(たいざい) しますか。

도꼬니 타이자이 시마쓰까

친구집에 머뭅니다.

友達(ともたち)の家(いえ) (親戚の家 ： しんせきのいえ)に とまります。

토모다찌노이에 (신세끼노이에)니 토마리마쓰

힐튼호텔에 머뭅니다.

ヒルトン ホテルに とまります。

히루똔 호떼루니 토마리마쓰

갈아탈 뿐입니다.

乗(の)り継(つ)ぎをするだけです。

노리쯔기오스루다께데스

짐을 찾을 수 없을 때

짐을 취급하는 곳은 어디입니까?

手荷物受取(てにもつうけと)り所(しょ)は どこですか。

테니모쯔우케토리쇼와 도꼬데쓰까

제 짐이 보이지 않아요.

私(わたし)の 荷物(にもつ)が 見(み)つかりません。

와타시노 니모쯔가 미쯔까리마셍

제 짐이 나오지 않았어요.

私(わたし)の 荷物(にもつ)が 出(で)てきません。

와타시노 니모쯔가 데떼키마셍

가방이 없어졌습니다.

かばんが なくなりました。

카방가 나꾸나리마시따

짐표는 이거예요.

手荷物引換証(てにもつひきかえしょう)は これです。

테니모쯔히끼까에쇼-와 코레데쓰

세관을 통과할 때

여권과 신고서를 보여주세요.

パスポートと 申告書(しんこくしょ)を 見(み)せて くだ
さい。

파스뽀- 또또 싱코쿠쇼오 미세떼 쿠다사이

신고할 물건은 없습니까?

申告(しんこく)する ものは ありませんか。

신코쿠스루 모노와 아리마셍까

없습니다.

ありません。

아리마셍

가방 안에 무엇이 들어 있습니까?

かばんの 中(なか)に 何(なに)が 入(は)って いますか。

카반노 나까니 나니가 하잇떼 이마쓰까

48

위스키가 2병, 담배가 2보루입니다.

ウイスキーが 2本(ほん)，タバコが 2カートンです。

우이스키가 니홍, 타바꼬가 니-카톤데쓰

아니오, 이것뿐입니다.

いいえ，これだけです。

이이에, 고레다께데쓰

가방을 열어주세요.

かばんを 開(あ)けて ください。

카방오 아께떼 쿠다사이

이것은 무엇입니까?

これは なんですか。

코레와 난데스까

한국의 도자기입니다.

韓国(かんこく)の 陶器(とうき)です。

캉코꾸노 토우끼데스

이것은 소화제입니다.

これは 消化剤(しょうかざい)です。

코레와 쇼-까자이데쓰

환전할 때

환전소는 어디입니까?
兩替所(りょうがえしょ)は どこですか。
료-가에쇼와 도꼬데쓰까

환전소는 몇 시까지 합니까?
兩替所(りょうがえしょ)は 何時(なんじ)まで ですか。
료-가에쇼와 난지마데 데쓰까

이것을 엔으로 바꿔주세요.
これを 円(えん)にして ください。
코레오 엔니시떼 쿠다사이

환전을 부탁합니다.
兩替(りょうがえ)を お願(ねが)いします。
료-가에오 오네가이시마스

환율은 어느 정도입니까?
為替(かわせ)レートは どのくらいですか。
카와세레-또와 도노꾸라이데쓰까

여행자수표를 현금으로 바꿔주세요.

トラベラーズ. チェックを 現金(げんきん)にして くだ
さい。

토라베라즈 첵크오 겡낑니시떼 쿠다사이

동전도 섞어주세요.

小銭(こ.ぜ)にも 混(ま)ぜて ください。

코제니모 마제떼 쿠다사이

공항에서 목적지까지 가는 여러 가지 방법

리무진

리무진 버스를 타는 곳은 어디입니까?

リムジンバス乗(の)り場(ば)は どこですか。

리무진바스노리바와 도꼬데쓰까

힐튼호텔에 가는 버스는 어디에서 탑니까?

ヒルトン，ホテルへ 行く バスは どこで のれますか。

히루똔 호떼루에 이꾸 바스와 도꼬데 노레마쓰까

표는 어디에서 살 수 있습니까?

切符(きっぷ)は どこで 買(か)えますか。

킵뿌와 도꼬데 가에마쓰까

신주쿠까지 얼마입니까?

新宿(しんじゅく)まで いくらですか。

신주쿠마데 이꾸라데쓰까

3,000엔입니다.

3千円(さんぜんえん)です。

산젱엔데쓰

시간은 얼마나 걸립니까?

時間(じかん)は どれくらい かかりますか。

지깡와 도레구라이 카까리마쓰까

깨지는 물건은 없습니까?

こわれ物(もの)は ありませんか。

코와레모노와 아리마셍까

없습니다.

ありません。

아리마셍

신주쿠에 도착하면 알려주세요.

新宿(しんじゅく)に 着(つ)いたら 教(おし)えて ください。

신주쿠니 츠이따라 오시에떼 쿠다사이

택시

택시 타는 곳은 어디입니까?

タクシー乗(の)り場(ば)は どこですか。

타꾸시-노리바와 도꼬데쓰까

짐을 트렁크에 넣어주세요.

荷物(にもつ)を トランクに 入(い)れて ください。

니모쯔오 토랑크니 이레떼 쿠다사이

〈주소를 보이면서〉 여기까지 가주세요.

〈住所を見せて(じゅうしょみせて)〉 ここへ 行(い)って く
ださい。

〈쥬-쇼오 미세떼〉 코꼬에 잇떼 쿠다사이

팔레스호텔로 가주세요.

パレス。ホテルまで お願(ねが)いします。

파레스호테르 마데 오네가이시마쓰

시내까지 얼마나 걸립니까?

市内(しない)まで どれくらい かかりますか。

시나이마데 도노꾸라이 카까리마쓰까

전철(지하철)

신주쿠까지 가고 싶은데.

新宿(しんじゅく)まで 行(い)きたいのですが。

신주쿠마데 이끼따이노데쓰가

우에노까지는 얼마나 걸립니까?

上野駅(うえのえき)までは どれぐらい かかりますか。

우에노에끼마데와 도레구라이 카까리마쓰까

어느 역에서 갈아타면 됩니까?

どの 駅(えき)で 乗(の)り換(か)えすれば いいですか。

도노 에끼데 노리까에스레바 이이데쓰까

동경역까지 요금은 얼마입니까?

東京駅(とうきょうえき)までの 料金(りょうきん)は いくらですか。

토-쿄에끼마데노 료낑와 이꾸라데쓰까

표는 어디서 사나요?

切符(きっぷ)は どこで 買(か)えますか。

킵뿌와 도꼬데 카에마쓰까

숙소
에서

호텔이나 그 밖의 정보

숙박할 수 있는 곳은 호텔 외에도 비즈니스 호텔, 일본의 료칸(旅館), 유스호스텔, 민슈쿠(民宿) 등이 있다.

보통 가격은 천차만별이지만 호텔과 일본의 멋과 정취를 맛볼 수 있는 료칸은 10,000~30,000엔이며, 비즈니스 호텔은 5,000~10,000엔이다.

민박은 잠만 잘 수 있는 곳은 2,500~3,000엔이고 유스호스텔도 이와 가격이 비슷하다.

관광 안내소에서

관광 안내소는 어디에 있습니까?

観光案内所(かんこうあんないしょ)は どこに ありますか。

캉꼬-안나이쇼와 도꼬니 아리마쓰까

호텔을 찾고 있는데요.

ホテルを 探(たが)して いるのですが。

호떼루오 사가시떼 이루노데쓰가

여기서 호텔 예약을 할 수 있습니까?

ここで ホテルの 予約(よやく)が できますか。

코꼬데 호테루노 요야꾸가 데끼마쓰까

역에서 가까운 호텔을 소개해 주세요.

駅(えき)から 近(ちか)い ホテルを 紹介(しょうかい)して
ください。

에끼까라 찌까이 호떼루오 쇼-까이시떼 쿠다사이

비싸지 않은 호텔이 좋겠는데요.

高(たか)くない ホテルが いいのですが。

타까꾸나이 호떼루가 이이노데쓰가

하루에 얼마예요?

一泊(いっぱく)で いくらですか。

입빠꾸데 이꾸라데쓰까

그 호텔까지 어떻게 가면 됩니까?

その ホテルまで どうやって 行(い)くのですか。

소노 호떼루마데 도-얏떼 이꾸노데쓰까

다른 호텔을 소개해 주세요.

ほかの ホテルを 紹介(しょうかい)して ください。

호까노 호테루오 쇼-까이시떼 쿠다사이

호텔 예약 및 체크인할 때

오늘 밤 예약하고 싶은데요.

今晩(こんばん) 予約(よやく)したいのですが。

콤방 요야꾸시따노데쓰가

빈 방 있습니까?

部屋(へや)は ありますか。

헤야와 아리마쓰까

방값은 얼마입니까?

部屋代(へやだい)は いくらですか。

헤야다이와 이꾸라데쓰까

한국에서 예약했습니다.

韓国(かんこく)で 予約(よやく)しました。

캉꼬꾸데 요야꾸시마시따

예약한 김미나입니다. 체크인 부탁합니다.

予約(よやく)した キムミナです. チェックインを お願(ね
が)いします。

요야꾸시따 김미나데스 첵꾸잉오 오네가이시마쓰

전망 좋은 방을 부탁합니다.

眺(なが)めのいい 部屋(へや)を お願(ねが)いします。

나가메노이이 헤야오 오네가이시마쓰

조용한 방을 부탁합니다.

静(しず)かな 部屋(へや)を お願(ねが)いします。

시즈까나 헤야오 오네가이시마쓰

2인실을 부탁합니다.

ツインルームで お願(ねが)いします。

쯔인루-무데 오네가이시마쓰

요금에 아침식사는 포함되어 있습니까?

料金(りょうきん)に 朝食(ちょうしょく)は 含(ふく)まれて
いますか。

료-낑니 쬬-쇼쿠와 후꾸마레떼 이마쓰까

방을 보여 주세요.

部屋(へや)を 見(み)せて ください。

헤야오 미세떼 쿠다사이

다른 방을 보여 주세요.

他(ほか)の 部屋(へや)を 見(み)せて ください。

호까노 헤야오 미세떼 쿠다사이

이 방으로 하겠습니다.

この 部屋(へや)に します。

코노 헤야니 시마쓰

짐을 방에 옮겨 주시겠어요.

荷物(にもつ)を 部屋(へや)に 運(はこ)んで いただけますか。

니모쯔오 헤야니 한꼰데 이따다께마쓰까

귀중품을 보관해 주시겠어요.

貴重品(きちょうひん)を 預(あず)かって いただけますか。

키쬬-힝오 아쯔깟떼 이따다께마쓰까

필요한 것이 있을 때 룸서비스 받는 요령

207호실입니다만, 룸서비스를 부탁합니다.

207号室(ごうしつ)ですが, ルームサービスを お願(ね
が)いします。

니햐꾸나나고-시쯔데스가, 루무사비스로 오네가이시마쓰

커피와 오렌지주스를 부탁합니다.

コーヒと オレンジジュースを お願(ねが)いします。

코-히-또 오렌지주-스오 오네가이시마쓰

담요를 부탁합니다.

毛布(もうふ)を お願(ねが)いします。

모-후오 오네가이시마쓰

옷걸이가 부족합니다.

ハンガーが 足(た)りません。

항가-가 타리마셍

내일 아침 7시에 모닝콜을 부탁합니다.

明日(あした)の朝(あさ)　７時(じ)に　モーニングコルを
お願(ねが)いします。

아시따노아사 시찌지니 모-닝구코르오 오네가이시마쓰

한국에 전화하고 싶은데요.

韓国(かんこく)へ　電話(でんわ)し　たいのですが。

캉꼬에 뎅와시 따이노데쓰가

방을 바꿀 수 있을까요?

部屋(へや)を　替(か)えて　もらえませんか。

헤야오 카에떼 모라에마셍까

호텔 편의 시설 이용하기

세탁소 이용하기

드라이클리닝으로 부탁합니다.

ドライクリーニングで お願(ねが)いします。

도라이쿠리닝구데 오네가이시마쓰

다림질을 부탁합니다.

アイロンがけを お願(ねが)いします。

아이롱가께오 오네가이시마쓰

언제 됩니까?

仕上(しあ)がりは いつですか。

시아가리와 이쯔데쓰까

이 · 미용실 이용하기

호텔 미용실은 몇 시부터 몇 시까지 합니까?

ホテルの 美容院(びょういん)は 何時(なんじ)から 何時(なんじ)までですか。

호테르노 비요-잉와 난지까라 난지마데데쓰까

샴푸와 컷을 부탁합니다.

シャンプーと カットを お願(ねが)いします。

샴푸또 캇또오 오네가이시마쓰

너무 짧게 자르지 말아 주세요.

あまり 切(き)りすぎないように して ください。

아마리 키리스기나이요-니 시떼 쿠다사이

이 사진과 같은 헤어스타일로 해주세요.

この 写真(しゃしん)のような ヘア.スタイルに して く
ださい。

코노 샤싱노요우나 헤아스타이르니 시떼 쿠다사이

면도를 부탁합니다.

髭反(ひげそり)りを お願(ねが)いします。

히게소리오 오네가이시마쓰

얼마입니까?

おいくらですか。

오이꾸라데쓰까

체크아웃할 때

체크아웃은 몇 시입니까?

チェックアウっトは 何時(なんじ)ですか。

첵크아우또와 난지데쓰까

체크아웃을 부탁합니다.

チェックアウトを お願(ねが)いします。

첵크아우또오 오네가이시마쓰

207호실의 김미나입니다.

207号室(ごうしつ)の キムミナです。

니햐꾸나나고-시쯔노 김미나데쓰

계산을 부탁합니다.

精算(せいざん)を お願(ねが)いします。

세-상오 오네가이시마쓰

미니 바는 사용하지 않았습니다.

ミニバーは 使(つ)って いません。

미니바-와 쯔깟떼 이마셍

크레디트카드로 부탁합니다.

クレジットカードで お願(ねが)いします。

쿠레짓또카-도데 오네가이시마쓰

여행자수표는 사용할 수 있습니까?

トラベラーズチェックは 使(つか)えますか。

토라베라-즈첵꾸와 쯔까에마쓰까

이 짐을 3시까지 맡아 주시겠어요.

この 荷物(にもつ)を 3時(じ)まで 預(あず)かって もらえますか。

코노니모쯔오 산지마데 아즈깟떼 모라에마쓰까

공항 버스는 몇 시에 옵니까?

空港(くうこう)バスは 何時(なんじ)に 来(き)ますか。

쿠-꼬-바스와 난지니 키마쓰까

문제가 생겼을 때

옆방이 시끄러운데요.

となりの 部屋(へや)が うるさいのですが。

토나리노 헤야가 우루사이노데쓰가

화장실이 막혔는데요.

トイレが つまって しまいました。

토이레가 츠맛떼 시마이마시따

물이 새고 있습니다.

水(みず)が もれて います。

미즈가 모레떼 이마쓰

물이 뜨겁지 않습니다만.

お湯(ゆ)が ぬるいのですが。

오유가 누루이노데쓰가

방에 열쇠를 두고 나왔어요.

部屋(へや)に かぎを 置(お)き忘(わす)れました。

헤야니 카기오 오끼와스레마시따

방이 정리되어 있지 않습니다.

部屋(へや)が きれいに なって いません。

헤야가 키레이니 낫떼이마셍

유스호스텔에서

빈방 있습니까?

部屋(へや)は ありますか。

헤야와 아리마쓰까

하루에 얼마입니까?

一泊(いぱく) いくらですか。

입빠꾸 이꾸라데쓰까

회원증은 없습니다만, 오늘밤 머물고 싶은데요.

会員証(かいいんしょう)は ありませんが, 今晩(こんばん)
とまりたいのですが。

카이잉쇼-와 아리마셍가 콤방토마리따이노데쓰가

체크인은 몇 시까지입니까?

チェックインは 何時(なんじ)まで ですか。

첵크잉와 난지마데 데쓰까

회원이 되고 싶은데요.

会員(かいいん)に なりたいのですが。

카이잉니 나리따이노데쓰가

회원 할인은 있습니까?

会員(かいいん)の 割引(わりびき)は ありますか。

카이잉노 와리비끼와 아리마쓰까

샤워실은 어디입니까?

シャワー室(しつ)は どこですか。

샤와ー시쯔와 도꼬데쓰까

라커의 사용법을 알려 주세요.

ロッカーの 使(つか)い方(かた)を 教(おし)えて ください。

록까ー노 쯔까이까따오 오시에떼 쿠다사이

식당
에서

숙소 주변의 먹거리

일본의 먹거리는 참으로 다양하다. 일본 하면 대표적인 것이 스시(초밥)이지만 최근 들어 카레가 많은 각광을 받고 있다. 그 밖에도 라면(ラーメン)이 대표적인 음식이 되었다.

가볍게 한잔 할 수 있는 곳으로는 시로키야(白木屋)·와라와라(笑笑) 등이 있으며, 값싸게 먹을 수 있는 일본식 소고기 덮밥집으로는 요시노(吉野屋)·마츠야(松屋) 등이 있고, 한국에는 없는 패스트푸드점 모스버거(モスバーガー) 체인점도 한번 들를 만한 곳이다.

맛있는 음식점 찾기

맛있는 일본 음식점을 가르쳐 주세요.

おいしい 和食(わしょく)の店(てん)を 教(おし)えて ください。　오이시이 와쇼쿠노뗑오 오시에떼 쿠다사이

이 지역의 유명한 요리를 먹고 싶은데요.

この 土地(とち)の 名物料理(めいぶつりょうり)が 食(た)べたいのですが。　고노 토찌노 메이부쯔료-리가 다베따이노데쓰가

권할 만한 일본 음식점을 가르쳐 주세요.

おすすめの 和食(わしょく)の店(てん)を 教(おし)えて ください。　오스스메노 와쇼꾸노뗑오 오시에떼 쿠다사이

별로 비싸지 않은 회전 초밥 집을 알려 주세요.

あまり 高(たか)くない 回転寿司(かいてんずし)を 教(おし)えて ください。　아마리 타까꾸나이 카이뗀즈시오 오시에떼 쿠다사이

별로 비싸지 않은 일본 식당이 좋습니다만.

あまり 高(たか)くない 日本食堂(にほんしょくどう)が いいのですが。　아마리 타까꾸나이 니혼쇼꾸도-가 이이노데쓰가

고급 레스토랑 예약 방법

내일 저녁 7시 예약하고 싶은데요?

明日(あした)の 夜(よる) 7時(じ)に 予約(よやく) したい のですが。

아시따노 요루 시찌지니 요야꾸 시따이노데쓰가

몇 분이세요?

何名様(なんめいさま)で ございますか。

난메이사마데 고자이마쓰까

두 사람 자리를 예약하고 싶은데요?

2人(ふたり) 予約(よやく)したいのですが。

후따리 요야꾸시따이노데쓰가

성함을 말씀해 주세요.

お名前(なまえ)を お願(ねが)いします。

오나마에오 오네가이시마쓰

김미나입니다.
キムミナです。
김미나데쓰

금연석(흡연석)을 부탁합니다.
禁煙席(きんえんせき)(喫煙席 : きつえんせき) をお願(ね
がいします。
킹엔세끼 (키쯔엔세끼) 오오네가이시마쓰

정장이 필요합니까?
服装(ふくそう)の きまりは ありますか。
후꾸소-노 키마리와 아리마쓰까

예약을 취소하고 싶은데요.
予約(よやく)を キャンセル したいのですが。
요야꾸오 캰세루 시따이노데쓰가

예약한 시간에 늦을 것 같습니다.
予約(よやく)の 時間(じかん)に 遅(おく)れそうです。
요야꾸노 지깐니 오꾸레소-데쓰

안내 받기

예약한 김미나입니다.

予約(よやく)している キムミナです。

요야꾸시떼이루 김미나데쓰

창쪽 자리를 부탁합니다.

窓際(まどぎわ)の 席(せき)を お願(ねが)いします。

마도기와노세끼오 오네가이시마쓰

얼마나 기다려야 합니까?

どの くらい 待(ま)ちますか。

도노 꾸라이 마찌마쓰까

20분 정도면 자리가 날 것 같습니다.

20分(にじっぷん)ほどで 席(せき)が 空(あ)くと 思(おも)います。

니짓뿐호도데 세끼가 아꾸또 오모이마쓰

네, 기다리겠습니다.
はい、待(ま)ちます。
하이, 마찌마쓰

다음에 오겠습니다.
またにします。
마따니시마쓰

일행이 한 명 늦는데요.
つれが 一人(ひとり) 遅(おく)れて きます。
쯔레가 히또리 오꾸레떼 키마쓰

식사 주문

메뉴를 보여 주세요.

メニューを 見(み)せて ください。

메뉴오 미세떼 쿠다사이

한국어로 된 메뉴가 있습니까?

韓国語(かんこくご)の メニューは ありますか。

캉꼬꾸고노 메뉴와 아리마쓰까

권할 만한 요리는 무엇입니까?

おすすめの 料理(りょうり)は どれですか。

오스스메노 료-리와 도레데쓰까

주문하시겠습니까?

ご注文(ちゅうもん)は お決(き)まりですか。

고츄-몽와 오끼마리데쓰까

주문을 부탁합니다.

注文(ちゅうもん)を お願(ねが)いします。

츄-몽오 오네가이시마쓰

이것은 무엇입니까?

これは 何(なん)ですか。

코레와 난데쓰까

웨이터에게 도움을 청할 경우

냉방이 너무 센 것 같은데요, 약하게 안 될까요?

冷房(れいぼう)が 強(つよ)すぎますが, 弱(よわ)くなりま
せんか。

레이보-가 츠요스기마쓰가, 요와꾸나리마셍까

창쪽 자리로 바꿀 수 있습니까?

窓際(まどぎわ)の 席(せき)に 変(か)えて もらえませんか。

마도기와노 세끼니 카에떼 모라에마셍까

식사 후에 택시를 불러 주실 수 있겠습니까?

食事(しょくじ)の 後(あと)に タクシーを呼(よん)で もら
えますか。

쇼꾸지노 아토니 타꾸시오욘데 모라에마쓰까

재떨이를 바꿔 주세요.

灰皿(はいざら)を かえて ください。

하이자라오 카에떼 쿠다사이

음식값 지불하기

계산을 부탁합니다.
お勘定(かんじょう)を お願(ねが)いします。
오칸죠-오 오네가이시마쓰

전부 얼마입니까?
全部(ぜんぶ)で おいくらですか。
젬부데 오이꾸라데쓰까

계산이 틀린 것 같은데요?
計算違(けいさんちが)いが あるようですが。
케-산찌가이가 아루요우데쓰가

이 메뉴는 취소했는데요.
この メニューは キャンセル しました。
코노 메뉴-와 캰 세루 시마시따

신용카드라도 괜찮습니까?
クレジット カードでも かまいませんか。
크레짓또카-도데모 카마이마셍까

영수증을 받을 수 있습니까?

領収書(りょうしゅしょ)を いただけますか。

료-슈쇼오 이따다께마쓰까

어디에 사인합니까?

どこに サインしますか。

도꼬니 사인시마쓰까

잘 먹었습니다.

ごちそうさまでした。

고찌소-사마데시따

숙소 주변에서 술 한잔과 차 한잔하기

일본술을 부탁합니다.

日本酒(にほんしゅ)を お願(ねが)いします。

니혼슈오 오네가이시마쓰

따뜻하게 데워 주세요.

あつかんに して ください。

아츠깡니 시떼 쿠다사이

생맥주 500cc 두 잔 주세요.

生(なま)ビールを 中(ちゅう)ジョッキで 2杯(はい) くだ
さい。

나마비-루오 츄-죡끼데 니하이 쿠다사이

건배합시다.

乾杯(かんぱい)しましょう。

캄빠이시마쇼-

개인 접시 세 개 주세요.

取(と)りⅢ(ざら)を 3つ ください。

토리자라오 밋츠 쿠다사이

재떨이 주세요.

灰Ⅲ(はいざら)を ください。

하이자라오 쿠다사이

오렌지주스를 부탁합니다.

オレンジジュースを お願(ねが)いします。

오렌지쥬스-오 오네가이시마쓰

커피(홍차) 주세요.

コーヒー(紅茶 : こうちゃ)を ください。

코-히-(코-차)오 쿠다사이

테이크아웃점 이용하기

어서 오세요.

いらっしゃいませ。

이랏샤이마세

여기서 드실 건가요? 가지고 가실 건가요?

こちらで お召(め)し上(あ)がりですか。お持(も)ち帰(かえ)りですか。

코찌라데 오메시아가리데쓰까 오모찌카에리데쓰까

가지고 갈 거예요.

持(も)って 帰(かえ)ります。

못떼 카에리마쓰

패스트푸드점 이용하기

어서 오세요.
いらっしゃいませ。
이랏샤이마세

여기서 드실 건가요? 가지고 가실 건가요?
こちらで お召(め)し上がりですか。お持(も)ち帰(かえ)りですか。
코찌라데 오메시아가리데쓰까 오모찌카에리데쓰까

가지고 갈 겁니다.
持(も)って 帰(かえ)ります。
못떼 카에리마쓰

여기서 먹을 거예요.
ここで 食(た)べます。
코꼬데 타베마쓰

햄버거 하나랑 콜라 주세요.

ハンバーガ 一つと コーラを ください。

한-바-가 히또츠또 코-라오 쿠다사이

콜라는 미듐으로(라지로) 주세요.

コーラは M(L) サイズで。

코-라와 에무사이즈(에르사이즈) 데

이것이 전부입니까?

以上(いしょう)で よろしいですか。

이죠-데 요로시-데쓰까

거리에서

관광 안내소 이용하기

일본은 어느 도시든 공항이나 역, 항구 등에 여행 안내소가 있다. 여행 안내소에는 관광에 필요한 다양한 안내와 각종 팜플렛 등이 있다. 여행자 안내 센터도 이용하면 많은 도움이 될 것이다.

일본 여행정보 센터
(Tourist Information Center)

도쿄

전화 : 03 - 3201 - 3331

영업시간 : 오전 9시~오후 5시(월~금)

오전 9시~정오 12시(토)

교토

전화 : 075 - 371 - 5649

영업시간 : 오전 9시~오후 5시(월~금)

오전 9시~정오 12시(토)

나리타 공항 안내소 제 1터미널

전화 : 0476 - 34 - 6251

영업시간 : 오전 9시~오후 8시 연중 무휴

나리타 공항 안내소 제 2터미널

전화 : 0476 - 34 - 6251
영업시간 : 오전 9시~오후 8시 연중 무휴

간사이 국제 공항

전화 : 0724 - 56 - 6025
영업시간 : 오전 9시~오후 9시 연중 무휴

어디에 있는지 모를 때

길을 잃었을 때는 우선 큰길을 찾아보자. 그 다음으로
거리의 큰 간판을 보자. 자신이 가지고 있는 지도와 간판의
이름을 맞춰보는 것도 도움이 될 것이다.

가야 할 방법을 모를 때

우선 사람들에게 물어보자. 대부분 친절하게 가르쳐 줄
것이다. 어디어디에 가고 싶다고 할 때에는(이끼따이노데스
가 ~行きたいのですが)를 써서 부탁한다.

어디에 있는지 모를 때

여기는 어디입니까?
ここは どこですか。

코꼬와 도꼬데쓰까

길을 잃어버렸습니다.
道(みち)に 迷(まよ)って しまいました。

미치니 마욧떼 시마이마시따

이 주소로 가고 싶은데요.
この 住所(じゅうしょ)に 行(い)きたいのですが。

코노 쥬-쇼니 이끼따이노데쓰가

여기서 멉니까?
ここから 遠(とお)いですか。

코꼬까라 토-이데쓰까

길을 잃었을 때

길을 잃어버렸습니다.

道(みち)に 迷(まょ)って しまいました。

미찌니 마욧떼 시마이마시따

제일 가까운 역은 어디입니까?

一番(いちばん) 近(ちか)い 駅(えき)は どこですか。

이치방 치까이 에끼와 도꼬데스까

여기는 어디입니까?

ここは どこですか。

코꼬와 도꼬데쓰까

키노쿠니야서점까지 가고 싶은데요.

紀伊国屋書店(きのくにやしょてん)まで 行きたいのですが。

키노쿠니야쇼뗑마데 이끼따이노데쓰가

걸어서 갈 수 있습니까?

歩(ある)いて 行(い)けますか。

아루이떼 이께마쓰까

대중교통
이용하기

버스를 탈 때

이 버스는 신주쿠에 갑니까?

この バスは 新宿(しんじゅく)へ 行(い)きますか。

코노 바스와 신쥬꾸에 이끼마쓰까

버스 요금은 얼마입니까?

バスの 料金(りょうきん)は いくらですか。

바스노 료-낑와 이꾸라데쓰까

우에노역까지 얼마입니까?

上野駅(うえのえき)まで いくらですか。

우에노에끼마데 이꾸라데쓰까

그 버스는 어디에서 탈 수 있습니까?

その バスは どこで 乗(の)れますか。

소노 바스와 도꼬데 노레마쓰까

여기서 내려 주세요.

ここで 降(お)ろして ください。

코꼬데 오로시떼 쿠다사이

그 버스는 어디서 탈 수 있습니까?

その バスは どこで 乗(の)れますか。

소노 바스와 도꼬데 노레마쓰까

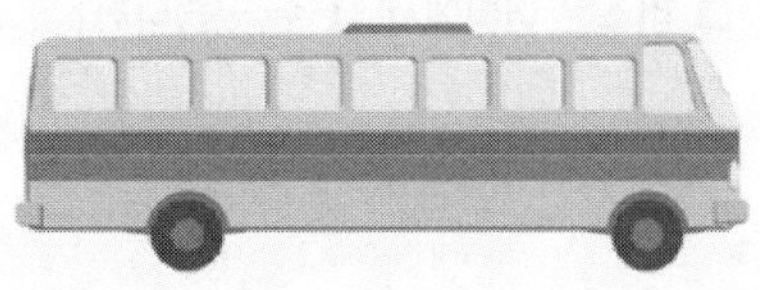

택시를 탈 때

아키하바라까지 부탁합니다.

秋葉原(あきはばら)まで お願(ねが)いします。

아키하바라마데 오네가이시마쓰

짐이 많으니까 트렁크를 열어 주세요.

荷物(にもつ)が 多(おお)いので トランクを 開(あ)けて
ください。

니모쯔가 오오이노데 토랑크오 아케떼쿠다사이

이 주소로 가 주세요.

この 住所(じゅうしょ)へ 行(い)ってください。

코노 쥬-쇼에 잇떼 쿠다사이

여기서 세워 주세요.

ここに 止(と)めて ください。

코꼬니 토메떼 쿠다사이

기차를 탈 때

교토에 가고 싶은데요, 몇 시 열차가 있습니까?

京都(きょうと)へ 行(い)きたいのですが, 何時(なんじ)の
列車(れっしゃ)が ありますか。

교-또에 이끼따이노데쓰가 난지노 렛샤가 아리마쓰까

당일로 돌아올 수 있습니까?

日帰(ひがえ)り できますか。

히가에리 데끼마쓰까

시간표를 주세요.

時刻表(じこくひょう)を ください。

지꼬꾸효-오 쿠다사이

매표소는 어디입니까?

切符売(きっぷう)り場(ば)は どこですか。

킵뿌우리바와 도꼬데쓰까

예약 창구는 어디입니까?

予約(よやく)の 窓口(まどぐち)は どこですか。

요야꾸노 마도구찌와 도꼬데쓰까

열차는 몇 시에 교토에 도착합니까?

列車(れしゃ)は 何時(なんじ)に 京都(きょうと)へ 着(つ)く のですか。

렛샤와 난지니 쿄-또에 츠꾸노데쓰까

몇 번 선에서 출발합니까?

何番線(なんばんせん)から 出(で)ますか。

남방센까라 데마쓰까

어디서 갈아탑니까?

どこで 乗(の)り換(か)えるのですか。

도꼬데 노리까에루노데쓰까

죄송합니다. 지나가게 해주세요.

すみません。通(とお)して ください。

스미마셍 토-시떼 쿠다사이

여기는 제 자리입니다만.

ここは 私(わたし)の 席(せき)ですが。

코꼬와 와따시노 세끼데스가

이 역은 어디입니까?

この 駅(えき)は どこですか。

코노 에끼와 도꼬데쓰까

정거장을 지나쳐 버렸습니다.

乗(の)り越(こ)してしまいました。

노리코시떼시마이마시따

열차에 물건을 놓고 내렸습니다.

列車(れっしゃ)に 忘(わす)れ物(もの)を しました。

렛샤니 와스레모노오 시마시따

배를 이용할 때

하루에 몇 편 있습니까?

一日（いちにち）に 何便（なんびん） ありますか。

이치니치니 난빙 아리마쓰까

타는 곳은 어디입니까?

乗（の）り場（ば）は どこですか。

노리바와 도꼬데쓰까

표는 어디서 살 수 있습니까?

切符（きっぷ）は どこで 買（か）えますか。

킵뿌와 도꼬데 카에마쓰까

예약이 필요합니까?

予約（よやく）は 必要（ひつよう）ですか。

요야꾸와 히쯔요-데쓰까

다음 출발은 몇 시입니까?

次(つぎ)の 出発(しゅっぱつ)は 何時(なんじ)ですか。

쓰기노 슛빠쯔와 난지데쓰까

왕복으로 몇 시간 걸립니까?

往復(おうふく)で 何時間(なんじかん) かかりますか。

오-후꾸데 난지깐 카까리마쓰까

전철이나 지하철을 이용할 때

여기서 제일 가까운 지하철역은 어디입니까?

ここから　一番(いちばん)　近(ちか)い　地下鉄(ちかてつ)は
どこですか。

코꼬까라 이치방 치까이 치까떼츠와 도꼬데쓰까

지하철 노선도를 주세요.

地下鉄(ちかてつ)の　路線図(ろうせんず)を　ください。

치까떼츠노 로－센즈오 쿠다사이

우에노 역까지 몇 분 정도 걸립니까?

上野駅(うえのえき)うまで　何分(なんぷん)くらい　かかり
ますか。

우에노에끼마데 난뿡쿠라이 카까리마쓰까

이케부쿠로까지 얼마예요?

池袋(いけぶくろ)まで　いくらですか。

이케부꾸로마데 이꾸라데쓰까

하라주쿠는 몇 번째 역입니까?

原宿(はらじゅく)は　いくつ目(め)の　駅(えき)ですか。

하라쥬꾸와 이꾸츠메노 에끼데쓰까

렌트 사무실에서

차를 빌리고 싶은데요.

車(くるま)を 借(か)りたいのですが。

쿠루마오 카리따이노데쓰가

면허증을 보여 주세요.

免許証(めんきょしょう)を みせて ください。

멘꾜쇼- 미세떼 쿠다사이

여권을 보여 주세요.

パスポートを 見(み)せて ください。

파스뽀-또오 미세떼 쿠다사이

차종은 어떤 것이 있습니까?

車種(しゃしゅ)は どんなものが ありますか。

샤슈와 돈나모노가 아리마쓰까

오토매틱이(소형차가, 스포츠카가) 좋습니다.

オートマチック車(しゃ)が （小型車が ： こがたしゃが, スポーツカが） いいです。

오-또마칙꾸샤가 (코가따샤가, 스뽀-쯔카가) 이이데쓰

하루 요금은 얼마입니까?

一日(いちにち)の 料金(りょうきん)は いくらですか。

이치니치노 료-킹와 이꾸라데쓰까

요금에 보험료는 포함되어 있습니까?

料金(りょうきん)に 保険料(ほけんりょう)は 含(ふく)まれて いますか。

료-킹니 호켄료-와 후꾸마레떼 이마쓰까

주유소 (정비소, 주차장)에서

가득 채워 주세요.

満(まん)タンに して ください。

만딴니 시떼 쿠다사이

헤드라이트가 켜지지 않는데요.

ヘッドライトが つかないのですが。

헷도라이토가 츠까나이노데쓰가

에어컨이 들어오지 않는데요.

エアコンが 効かないのですが。

에아콘가 키까나이노데쓰가

한 시간에 얼마예요?

一時間(いちじかん) いくらですか。

이찌지깐 이꾸라데쓰까

구경
하기

관광 명소, 박물관, 미술관 관람하기

입장료는 얼마입니까?

入場料(にゅうじょうりょう)は いくらですか。

뉴-죠-료와 이꾸라데쓰까

한국어 팜플렛은 있습니까?

韓国語(かんこくご)の パンフレットは ありますか。

캉꼬꾸고노 팜후렛또와 아리마쓰까

팜플렛을 주세요.

パンフレットを ください。

팜후렛또오 쿠다사이

한국어 가이드는 있습니까?

韓国語(かんこくご)の ガイドは つきますか。

캉꼬꾸노 가이도와 츠끼마쓰까

1인당 얼마예요?

一人(ひとり) いくらですか。

히또리 이꾸라데쓰까

어른 2장 부탁합니다.

大人(おとな)　２枚(にまい)　お願(ねが)いします。

오또나 니마이 오네가이시마쓰

몇 시부터 몇 시까지입니까?

何時(なんじ)から　何時(なんじ)まで　ですか。

난지까라 난지마데 데쓰까

짐을 맡길 수 있습니까?

荷物(にもつ)を　預(あず)かって　もらえますか。

니모쯔오 아즈깟떼 모라에마쓰까

사진을 찍어도 되나요?

写真(しゃしん)を　撮(と)っても　いいですか。

샤싱오 톳떼모 이이데쓰까

기념품 가게는 어디입니까?

ギフトショップは　どこですか。

기후또숍푸와 도꼬데쓰까

사진 및 비디오 촬영하기

여기서 사진을 찍어도 되나요?

ここで 写真(しゃしん)を 撮(と)っても いいですか。

코꼬데 샤싱오 톳떼모 이이데쓰까

비디오를 찍어도 됩니까?

ビデオを 撮(と)っても いいですか。

비데오오 톳떼모 이이데쓰까

플래시를 터트려도 됩니까?

フラッシュを たいても いいですか。

후랏슈오 타이떼모 이이데쓰까

죄송합니다만, 사진 한 장 부탁 드려도 될까요?

すみませんが, シャッター押(お)して もらえませんか。

스미마셍가, 샷타- 오시떼 모라에마셍까

한 장 더 부탁합니다.

もう 一枚(いちまい) お願(ねが)いします。

모-이치마이 오네가이시마쓰

이 셔터를 누르기만 하면 됩니다.

この シャッターを 押(お)すだけです。

코노 샤타오 오스다께데쓰

감사합니다.

ありがとうございます。

아리가또-고자이마쓰

함께 사진을 찍어도 될까요?

一緒(いっしょ)に 写真(しゃしん)を 撮(と)って もらえます
か。

잇쇼니 샤싱오 톳떼 모라에마쓰까

사진을 보내 드리겠습니다.

写真(しゃしん)を 送(おく)ります。

샤싱오 오꾸리마쓰

주소를 여기에 써 주세요.

住所(じゅうしょ)を ここに 書(か)いてください。

쥬쇼오 코꼬니 카이떼쿠다사이

공연장에서

좌석을 예약하고 싶은데요.

席(せき)を 予約(よやく)したいのですが。

세끼오 요-야꾸시따이노데쓰가

오늘 프로그램은 무엇입니까?

今日(きょう)の プログラムは 何(なん)ですか。

쿄-노 프로그라므와 난데쓰까

가부끼를 보고 싶은데요.

歌舞伎(かぶき)が 見(み)たいのですが。

카부끼가 미따이노데쓰가

오늘 밤 자리는 아직 있습니까?

今晩(こんばん)の 席(せき)は まだ ありますか。

콤방노 세끼와 마다 아리마쓰까

입석이 있습니까?

立(た)ち見席(みせき)は ありますか。

타치미세끼와 아리마쓰까

표는 어디서 살 수 있죠?

切符(きっぷ)は どこで 買(か)えますか。

킵뿌와 도꼬데 카에마쓰까

제일 싼 좌석은 얼마예요?

一番(いちばん) 安(やす)い 席(せき)は いくらですか。

이치방 야스이 세끼와 이꾸라데쓰까

어른 2장 주세요.

大人(おとな) 2枚(にまい) ください。

오또나 니마이 쿠다사이

가능하면 무대를 정면에서 볼 수 있는 자리가 좋겠는데요.

できれば 舞台(ぶたい)を 正面(しょうめん)から 見(み)ら
れる 席(せき)が いいのですが。

데끼레바 부따이오 쇼-멘까라 미라레루 세끼가 이이노데쓰가

레저 스포츠 즐기기와 관람하기

스 키

렌탈 숍은 어디입니까?
レンタル ショップは どこですか。

렌타르 숍푸와 도꼬데쓰까

렌탈 요금은 얼마예요?
レンタル 料金(りょうきん)は いくらですか。

렌타르 료-낑와 이꾸라데쓰까

리프트권은 얼마예요?
リフト券(けん)は いくらですか。

리후토껭와 이꾸라데쓰까

초보자 코스는 어디입니까?
初歩者(しょはしゃ) コースは どこですか。

쇼호샤 코-스와 도꼬데쓰까

골 프

골프를 치고 싶은데 이 부근에 있습니까?
ゴルフが　したいのですが，この　付近(ふきん)に　あり
ますか。

고루후가 시따이노데스가, 코노 후낑니 아리마쓰까

한 사람당 얼마입니까?
一人(ひとり)　いくらですか。

히또리 이꾸라데쓰까

카트 요금은 얼마입니까?
カート代(だい)は　いくらですか。

카-토다이와 이꾸라데쓰까

하루에 얼마입니까?
一日(いちにち)　いくらですか。

이찌니찌 이꾸라데쓰까

테니스

테니스를 치고 싶은데요.

テニスを したいのですが。

테니스오 시따이노데쓰가

이 근처에 테니스장이 있습니까?

この 近(ちか)くに テニスコートが ありますか。

코노 치까꾸니 테니스코-또가 아리마쓰까

코트 예약은 어디서 할 수 있습니까?

コートの 予約(よやく)は どこで できますか。

코-또노 요야꾸와 도꼬데 데끼마쓰가

라켓은 빌릴 수 있습니까?

ラケットは どこで 借(か)りられますか。

라켓또와 도꼬데 카리라레마쓰까

1시간에 얼마입니까?

一時間(いちじかん) いくらですか。

이찌지깐 이꾸라데쓰까

투어 예약하기

관광 투어에 참가하고 싶은데요.

観光(かんこう) ツーアに 参加(さんか) したいのですが。

캉코-쯔-아니 상까시따니노데쓰가

어떤 종류의 여행 코스가 있습니까?

どんな 種類(しゅるい)の ツーアが ありますか。

돈나 슈루이노 쯔-아가 아리마쓰까

권할 만한 여행 코스는 어디입니까?

おすすめの ツーアは どこですか。

오스스메노 쯔-아와 도꼬데쓰까

동경 시내를 도는 관광은 있습니까?

東京市内(とうきょうしない)を まわる ツーアは ありますか。

토-쿄-시나이오 마와루 쯔-아와 아리마쓰까

그 버스는 어디서 탈 수 있습니까?

その バスは どこで 乗(の)れますか。

소노 바스와 도꼬데 노레마쓰까

힐튼호텔에서 탈 수 있습니까?

ヒルトン． ホテルから 乗(の)れますか。

히루똔 호떼루까라 노레마쓰까

여행 팜플렛을 보여 주세요.

ツアのパンフレットを 見(み)せて ください。

쯔-아노 팡후렛또오 미세떼 쿠다사이

출발은 몇 시입니까?

出発(しゅっぱつ)は 何時(なんじ)ですか。

슛빠쯔와 난지데쓰까

동경역을 아침 7시에 출발합니다.

東京駅(とうきょうえき)を 朝7時に(あさしちじ) 出発(しゅっぱつ)します。

토-꾜-에끼오 아사시찌지니 슛빠쯔시마쓰

몇 시에 돌아옵니까?

何時(なんじ)に 戻(もど)りますか。

난지니 모도리마쓰까

동경역에 도착하는 것은 저녁 7시입니다.

東京駅(とうきょうえき)に 着(つ)くのは 夜 7時(よるしち
じ)です。

토-꾜-에끼니 츠꾸노와 요루 시찌지데쓰

식사는 포함되어 있습니까?

食事(しょくじ)は 付(つ)いて いますか。

쇼쿠지와 쯔이떼 이마쓰까

여기서 예약할 수 있습니까?

ここで 予約(よやく) できますか。

코꼬데 요야꾸 데끼마쓰까

요금은 얼마입니까?

料金(りょうきん)は いくらですか。

료-낑와 이꾸라데쓰까

이것을 신청하겠습니다.

これを 申(もう)し 込(こ)みます。

코레오 모-시코미마쓰

투어 참가하기

저것은 무엇입니까?

あれは 何(なん)ですか。

아레와 난데쓰까

저 건물은 무엇입니까?

あの 建物(たてもの)は 何(なん)ですか。

아노 타떼모노와 난데쓰까

누가 살고 있었습니까?

だれが 住(す)んで いたのですか。

다레가 슨데 이따노데쓰까

어느 정도의 높이(넓이)입니까?

どのくらいの 高(たか)さ (広さ：ひろさ) ですか。

도노쿠라이노 타까사 (히로사) 데쓰까

누가 세운 것입니까?

誰(だれ)が 建(た)てたのですか。

다레가 타떼따노데쓰까

여기에 얼마나 정차하죠?

ここに どのくらい とまりますか。

코꼬데 도노쿠라이 토마리마쓰까

사진 찍을 시간은 있습니까?

写真(しゃしん)を 撮(と)る 時間(じかん)は ありますか。

샤싱오 토루 지깡와 아리마쓰까

몇 시에 버스로 돌아오면 됩니까?

何時(なんじ)に バスに 戻(もど)って くれば いいです
か。

난지니 바스니 모돗떼 쿠레바 이이데쓰까

일본의 화폐단위는 엔이며 동전은 1엔, 5엔, 10엔, 50엔, 100엔, 500엔이 있으며 지폐는 1,000엔, 2,000엔, 5,000엔, 10,000엔짜리가 있다.

여행지 토속 상품점 찾기

여기 특산품은 뭐예요?

ここの 特産品(とくさんひん)は 何(なん)ですか。

코꼬노 토쿠산힝와 난데쓰까

이것의 이름은 무엇입니까?

これの 名前(なまえ)は 何(なん)ですか。

코레노 나마에와 난데쓰까

재료는 뭐예요?

材料(ざいりょう)は 何(なん)ですか。

자이료-와 난데쓰까

물건값 깎기

조금 싸게 안 되나요?

少(すこ)し 安(やす)く なりませんか。

스꼬시 야스꾸 나리마셍까

좀 더 싼 것은 없습니까?

もっと 安(やす)いものは ありませんか。

못또 야스이모노와 아리마셍까

원하는 물건 고르기

뭔가 선물로 적당한 물건은 없습니까?

何(なに)か お土産(みやげ)に 適当(てきとう)な 物(もの)は
ありませんか。

나니까 오미야게니 테끼또-나 모노와 아리마셍까

그냥 구경하는 겁니다.

見(み)て いる だけです。

미떼 이루 다께데쓰

입어봐도 될까요?

試着(しちゃく)しても いいですか。

시챠꾸시떼모 이이데쓰까

다른 것을 보여 주세요.

他(ほか)の 物(もの)を 見(み)せて ください。

호까노 모노오 미세떼 쿠다사이

딱 맞아요.

ぴったりです。

핏따리데쓰

저한테 어울려요?

私(わたし)に 似合(にあ)いますか。

와따시니 니아이마쓰까

너무 긴(짧은) 것 같습니다.

長(なが)(短か : みじか) すぎます。

나가 (미지까) 스기마쓰

너무 낍니다(헐렁합니다) .

きつ(ゆる) すぎます。

키쯔(유루) 스기마쓰

사이즈가 안 맞아요.

サイズが 合(あ)いません。

사이즈가 아이마셍

디자인이 마음에 안 들어요.

デザインが 気(き)に 入(い)りません。

데자인가 키니 이리마셍

한 사이즈 큰 것(작은 것)이 있습니까?

一サイズ 大(おお)きい(小さい : ちいさい) ものは あり
ますか。

히또사이즈 오-끼이(치-사이) 모노와 아리마쓰까

이것과 같은 것으로 다른 색상이 있습니까?

これと 同(おな)じで 色違(いろちが)いは ありますか。

코레또 오나지데 이로치가이와 아리마쓰까

이 반지를 보여 주세요.

この 指輪(ゆびわ)を 見(み)せて ください。

코노 유비와오 미세떼 쿠다사이

껴봐도 될까요?

つけて みても いいですか。

츠께떼 미떼모 이이데쓰까

이것과 같은 것으로 두 개 주세요.

これと 同(おな)じ物(もの)を ２つ(ふたつ) ください。

코레또 오나지모노오 후따쯔 쿠다사이

각각 포장해 주세요.

別々(べつべつ)に 包(つつ)んで ください。

베쯔베쯔니 츠쯘 데 쿠다사이

선물용으로 포장해 주세요.

プレゼント用(よう)に 包(つつ)んで ください。

프레젠또요-니 츠쯘 데 쿠다사이

계산하기

이것을 주세요.

これを　ください。

코레오 쿠다사이

얼마입니까?

いくらですか。

이꾸라데쓰까

계산대는 어디입니까?

会計は(かいけい)　どこですか。

카이께-와 도꼬데쓰까

신용카드는 사용할 수 있습니까?

クレジットカードは　使(つか)えますか。

크레짓또카-도와 츠까에마쓰까

여행자 수표를 사용할 수 있습니까?

トラベラーズ チェックは 使(つか)えますか。

토라베라―즈 첵크와 츠까에마쓰까

어디에 사인하면 됩니까?

どこに サイン すれば いいですか。

도꼬니 사인 스레바 이이데쓰까

쇼핑가 찾기

쇼핑을 하고 싶은데요.

買(か)い物(もの)を したいのですが。

카이모노오 시따이노데쓰가

백화점은 어디 있어요?

デパートは どこに ありますか。

데파-또와 도꼬니 아리마쓰까

면세점은 몇 층입니까?

免税店(めんぜいてん)は 何階(なんがい)ですか。

멘제이뗑와 난가이데쓰까

아키하바라까지 가고 싶은데요.

아키하바라마데 이끼따이노데쓰가

그곳으로 가는 방법을 가르쳐 주세요.

소꼬에 이끼까따오 오시에떼 쿠다사이

요요기 공원의 벼룩 시장은 언제 열려요?

요요기코-엔노 노미노이치와 이쯔 히라까레마쓰까

면세점 이용하기

면세점은 어디에 있습니까?

免税店(めんぜいてん)は どこに ありますか。

멘제-이뗑와 도꼬니 아리마쓰까

여권과 항공권을 보여 주세요.

パスポートと 航空券(こうくうはん)を 見(み)せて くだ
さい。

파스뽀-또또 코-쿠껭오 미세떼 쿠다사이

어디서 받을 수 있어요?

どこで 受(う)け取(と)れますか。

도꼬데 우케토레마쓰까

영수증을 주세요.

領収書(りょうしゅうしょ)を ください。

료-슈-쇼오 쿠다사이

교환 및 환불

교환하고 싶은데요.
交換(こうかん)したいのですが。
코-깐시따이노데쓰가

전혀 작동하지 않아요.
ぜんぜん 動(うご)きません。
젠젠 우고끼마셍

여기가 고장나 있습니다.
ここが 壊(こわ)れて います。
코꼬가 코와레떼 이마쓰

여기가 지저분해요.
ここが 汚(よご)れて います。
코꼬가 요고레떼 이마쓰

환불해 주시겠습니까?

返金(へんきん)して もらえますか。

헹낑시떼 모라에마쓰까

새것으로 바꿔 주세요.

新(あたら)しい ものと 取(と)り替(か)えて ください。

아따라시- 모노또 토리카에떼 쿠다사이

영수증은 있습니다.

領収書(りょうしゅうしょ)は あります。

료-슈-쇼와 아리마쓰

소식
전하기

국내 전화

대체적으로 초록색이나 회색의 공중 전화가 많이 쓰이고 있다. 보통 10엔, 50엔, 100엔짜리 동전이 사용되며 전화카드는 500엔, 1000엔짜리가 있다.

전화카드는 훼미리마트, 로손 등 일반 편의점이나 역 근처에 있는 매점에서 손쉽게 살 수 있다.

보통 시내 통화는 10엔에 3분 정도를 통화할 수 있다.

국제 전화

일본에서 국제 전화를 걸 때에는 국제 전화 겸용이라고 쓰여 있는지 확인한다. 동전으로 걸 때는 100엔을 넣고 001-82(한국 코드)-2(서울 지역번호)-123-4567로 걸 수 있고, 핸드폰인 경우는 001-82-11(앞자리 0을 뺀다)-123-4567로 걸면 된다.

수신자 부담은 한국통신 0031-00-8210으로 연결해서 한국의 전화번호를 대면 될 것이다.

우체국 이용

일본의 우체국은 보통 오전 9시에서 오후 5시까지 문을 연다. 일요일은 휴무이다. 그러나 영업시간이 아니더라도 우체국 자동 판매기에서 우표를 사거나 엽서를 살 수 있다.

전화 걸기

국내전화

여보세요. 저는 김미나라고 하는데요.

もしもし。私(わたし)は キム ミナと 申(もう)しますが。

모시모시 와따시와 김미나또 모-시마쓰가

사이또우상 부탁합니다.

斎藤(さいとう)さん, お願(ねが)いします。

사이또-상 오네가이시마쓰

지금 통화중입니다만, 잠시만 기다려 주세요.

今(いま), 他(ほか)の 電話(でんわ)に 出(で)ていますが, 少夕(しょうしょう) お待(ま)ちください。

이마 호까노 뎅와니 데떼이마쓰가 쇼-쇼 오마치쿠다사이

유우꼬는 외출중입니다만.

優子(ゆうこ)は 出(で)かけて おりますが, どなたですか。

유-꼬와 데까께떼 오리마쓰가 도나따데쓰까

좀 더 천천히 말씀해 주세요.

もう少(すこ)し ゆっくり 話(はな)して ください。

모-스꼬시 윳꾸리 하나시떼 쿠다사이

언제 돌아옵니까?

いつ 戻(もど)りますか。

이쯔 모도리마쓰까

김미나한테서 전화가 왔었다고 전해 주세요.

キム ミナから 電話(でんわ)が あったと 伝(つた)えて ください。

김 미나 까라 뎅와가 았따또 츠따에떼 쿠다사이

저한테 전화해 달라고 전해 주세요.

私(わたし)に 電話(でんわ)するように 伝(つた)えて ください。

와따시니 뎅와스루요우니 츠따에떼 쿠다사이

다시 전화하겠습니다.

また 電話(でんわ)します。

마따 뎅와시마쓰

국제전화

공중전화는 어디에 있습니까?

公衆電話(こうしゅうでんわ)は どこに ありますか。

코-슈-뎅와와 도꼬니 아리마쓰까

한국에 전화를 하고 싶은데요.

韓国(かんこく)に 電話(でんわ)したいのですが。

캉꼬꾸니 뎅와시따이노데쓰가

전화카드는 어디에서 사죠?

テレホンカードは どこで 買(か)えますか。

테레홍카-도와 도꼬데 카에마쓰까

편의점에서 살 수 있어요

コンビニで 買(か)えます。

콤비니데 카에마쓰

공중전화로 국제전화를 걸 수 있어요?

公衆電話(こうしゅうでんわ)で 国際電話(こくさいでんわ)を かけられますか。

코-슈-뎅와데 콕사이뎅와오 카께라레마쓰까

얼마를 넣어야 합니까?

いくら いれるのですか。

이꾸라 이레루노데쓰까

어느 동전을 사용할 수 있습니까?
どの コインが 使(つか)えますか。

도노 코인가 츠까에마쓰까

이 번호에 전화하는 방법을 가르쳐 주세요.
この 番号(ばんごう)に 電話(でんわ)する方法(ほうほう)を
おしえてください。

코노 방고니 뎅와스루호－호오 오시에떼쿠다사이

수신자 부담으로 부탁합니다.
コレクトコールで お願(ねが)いします。

코레꾸또코－루데 오네가이시마쓰

인터넷 및 팩스 이용하기

여기서 인터넷 할 수 있어요?

ここで インタネットが 使(つか)えますか。

코꼬데 인타넷또가 츠까에마쓰까

1시간에 얼마예요?

一時間(いちじかん) おいくらですか。

이찌지깐 오이꾸라데쓰까

팩스 사용법을 알려 주세요.

ファックスの 使(つか)い方(かた)を 教(おし)えて ください。

화꾸스노 츠까이까따오 오시에떼 쿠다사이

얼마예요?

おいくらですか。

오이꾸라데쓰까

우편물

우체국은 어디입니까?
郵便局(ゆうびんきょく)は どこですか。
유-빙꾜꾸와 도꼬데쓰까

이 엽서를 한국에 보내고 싶은데요.
この 絵(え)はがきを 韓国(かんこく)に 送(おく)りたいの
ですが。
코노에하가끼오 캉꼬꾸니 오꾸리따이노데쓰가

이 소포를 한국에 보내고 싶은데요.
この 小包(こづつみ)を 韓国(かんこく)に 送(おく)りたい
のですが。
코노 코츠쯔미오 캉코꾸니 오꾸리따이노데쓰가

항공편(배편)으로 부탁합니다.
航空便(こうくうびん)(船便 : ふなびん)で お願(ねが)いし
ます。
코-꾸빙(후나빙)데 오네가이시마쓰

보통 우편으로 부탁합니다.

普通(ふつう)に して ください。

후쯔-니 시떼 쿠다사이

속달로 해주세요.

速達(そくたつ)に してください。

소꾸타쯔니 시떼쿠다사이

며칠 정도 걸립니까?

何日(なんにち)くらい かかりますか。

난니찌꾸라이 카까리마쓰까

내용물은 무엇입니까?

中身(なかみ)は 何(なん)ですか。

나까미와 난데쓰까

CD(책)입니다.

CD(本：ほん)です。

시디(홍)데쓰

현금지급기
이용하기

현금지급기를 이용할 때

은행은 어디에 있습니까?

銀行(ぎんこう)は どこに ありますか。

깅-꼬와 도꼬니 아리마쓰까

사용방법을 가르쳐 주세요.

使(つか)い方(かた)を 教(おし)えて ください。

츠까이카따오 오시에떼 쿠다사이

은행은 몇 시부터 몇 시까지입니까?

銀行(ぎんこう)は 何時(なんじ)から 何時(なんじ)まで で
すか。

깅-꼬와 난지까라 난지마데 데쓰까

소지품을
분실했을 때

소지품을 잃어버렸을 때 대처요령

소지품을 잃어버렸을 때에는 경찰서에 연락하는 것이 가장 빠르게 보상받을 수 있는 방법이다. 경찰서에서 분실신고서를 받아두면 나중에 확인 절차를 거쳐 여행자 보험 등에서 보험금을 지급 받을 수 있다. 혹시라도 택시에 물건을 두고 내렸을 때 신분증이 있으면 연락이 금방 오는 경우도 있다.

만일에 대비해 다음 번호를 알아두자.

한국대사관(동경)	: 03-3452-(7611-9)
오사카 한국총영사관	: 06-6213-(1401-10)

여권 분실과 도난사고시

가까운 경찰서는 어디입니까?

近(ちか)くの 警察署(けいさつしょ)は どこですか。

치까꾸노 케이사쯔쇼와 도꼬데쓰까

여권을 잃어버렸습니다.

パスポーとを なくしました。

파스뽀-또오 나꾸시마시따

한국대사관의 전화번호를 알려주세요.

韓国大使館(かんこくたいしかん)の 電話番号(でんわばんご) を 教(おし)えて ください。

캉꼬꾸타이시깐노 뎅와방고-오 오시에떼 쿠다사이

한국대사관은 어디에 있습니까?

韓国大使館(かんこくたいしかん)は どこに ありますか。

캉꼬꾸타이시깐와 도꼬니 아리마쓰까

핸드백을 소매치기 당했습니다.

ハンドバックを ひったくられました。

한도박꾸오 힛따꾸라레마시따

어떤 가방입니까?

どんな バックですか。

돈나 박꾸데쓰까

검정색 가방입니다.

黒(くろ)い バックです。

쿠로이 박꾸데쓰

가방 안에 무엇이 들어 있었습니까?

かばんの 中(なか)に 何(なに)が 入(はい)って いましたか。

카방노 나까니 나니가 하잇떼 이마시따까

지갑과 여권이 들어 있었습니다.

財布(さいふ)と パスポートが 入(はい)って いました。

사이후또 파스뽀-또가 하잇떼 이마시따

연락처를 여기에 써 주세요.

連絡先(れんらくさき)を ここに 書(か)いて ください。

렌라꾸사끼오 코꼬니 카이떼 쿠다사이

부탁합니다.

お願(ねが)いします。

오네가이시마쓰

여행자 수표 및 카드 분실시

신용카드를 잃어버렸습니다.

クレジットカードを なくしました。

크레짓또카―도오 나꾸시마시따

카드를 정지시켜 주세요.

カードを 無効(むこう)に してください。

카―도오 무꼬―니 시떼쿠다사이

여행자 수표를 잃어버렸습니다.

トラベラズチェックを なくしました。

토라베라즈첵쿠오 나꾸시마시따

재발행 받을 수 있습니까?

再発行(さいはっこう)して もらえますか。

사이핫꼬―시떼 모라에마쓰까

재발행은 며칠 정도 걸립니까?

再発行(さいはっこう)には 何日(なんにち) くらい かかりますか。

사이핫꼬―니와 난니찌꾸라이 카까리마쓰까

항공권 분실 및 변경

항공권을 재발행 받을 수 있습니까?

航空券(こうくうけん)を　再発行(さいはっこう)して　もらえますか。

코-꾸-껭오 사이핫꼬시데 모라에마쓰까

대한항공에서 발행한 것입니다.

大韓航空(だいかんこうくう)で　発行(はっこう)されたものです。

다이깡코-꾸-데 핫꼬-사레따모노데쓰

8월 7일 서울행 704편을 예약했습니다.

8月7日(はちがつなのか)の　ソウル行(ゆき)　704便(ななまるよんびん)を　予約(よやく)しました。

하치가쯔나노까노 소우루유끼 나나마루욘오 요야꾸시마시따

항공권의 복사본은 가지고 있지 않습니다.

航空券(こうくうけん)の　コピーは　持(も)っていません。

코-꾸-껭노 코피-오 못떼이마셍

비상사태가 발생했을 때

물건을 도난 당했을 때에는
시내 각처에 있는
파출소에 연락한다(전화 110번).
사고나 갑자기 병이 났을 때에는
119번에 전화를 건다.

도움 요청

살려 주세요.

助(たす)けて。

타스께떼

도둑이야! 잡아라.

泥棒(どろぼう)！ つかまえて。

도로보— 츠까마에떼

구급차를 불러 주세요.

救急車(きゅうきゅうしゃ)を 呼(よ)んでください。

큐—뀨샤오 욘데쿠다사이

급해요!

緊急(きんきゅう)です。

킹뀨—데쓰

병원에 데려가 주세요.

病院(びょういん)へ 連(つ)れて 行(い)ってください。

뵤—잉에 츠렛떼 잇떼쿠다사이

교통사고

교통사고를 당했습니다.

交通事故(こうつうじこ)に あいました。

코-쯔-지꼬니 아이마시따

렌터카 회사에 연락해 주세요.

レンタカー会社(かいしゃ)に 連絡(れんらく)してください。

렌따까-카이샤니 렌라꾸시떼쿠다사이

차번호는 시나가와 55하 1251입니다.

車(くるま)の ナンバーは 品川(しなかわ) 55(ごご)は 1251(いちにごいち)です。

쿠루마노 남바-와 시나카와 고고하 이치니고이치데쓰

차에 치였습니다.

車(くるま)に はねられました。

쿠루마니 하네라레마시따

경찰을 불러 주세요.

警察(けいさつ)を 呼(よ)んでください。

케이사쯔오 욘데쿠다사이

다친 사람이 한 사람 있습니다.

けが人(にん)が 一人(ひとり) います。

게가닝가 히또리 이마쓰

지금 어디에 있습니까?

今(いま) どこに いますか。

이마 도꼬니 이마쓰까

잘 모르겠습니다.

よく わかりません。

요꾸 와까리마셍

여기는 카메이도 욘쬬메입니다.

ここは 亀戸(かめいど) 4丁目(よんちょうめ)です。

코꼬와 카메이도 욘쬬 메데쓰

병원 이용하기

어디가 아프세요?

どこが 痛(いた)みますか。

도꼬가 이따미마쓰까

이전에도 이런 일이 있었습니까?

こんなことが 以前(いぜん)にも ありましたか。

콘나코또가 이젠니모 아리마시따까

입을 벌려 주세요.

口(くち)を 開(あ)けて ください。

쿠찌오 아께떼 쿠다사이

열이 납니다.

熱(ねつ)が あります。

네쯔가 아리마쓰

토할 것 같습니다.

吐気(はきけ)が します。

하끼께가 시마쓰

현기증이 납니다.

めまいが します。

메마이가 시마쓰

설사를 합니다.

下痢(げり)を して います。

게리오 시떼 이마쓰

머리가 아픕니다

頭(あたま)が 痛(いた)いです。

아따마가 이따이데쓰

여행을 계속 해도 될까요?

旅行(りょこう)を 続(つづ)けても いいですか。

료꾜-오 쯔츠께떼모 이이데쓰까

약국 이용하기

이 처방전의 약을 주세요.

この 処方(しょほう)せんの 薬(くすり)を ください。

코노 쇼호-센노 쿠스리오 쿠다사이

처방전은 없습니다.

処方(しょほう)せんが ありません。

쇼호-센가 아리마셍

저는 알레르기 체질입니다.

私(わたし)は アレルギー体質(たいしつ)です。

와따시와 아레르기타이시쯔데쓰

감기약을 주세요.

風邪薬(かぜぐすり)を ください。

카제구스리오 쿠다사이

하루에 몇 번 먹어야 되죠?

一日(いちにち)に 何回(なんかい) 飲(の)めば いいですか。

이치니찌니 난까이 노메바 이이데쓰까

화장실 이용하기

화장실은 어디입니까?

トイレは どこですか。

토이레와 도꼬데쓰까

사용방법을 가르쳐 주세요.

使(つか)い方(かた)を 教(おし)えて ください。

츠까이카따오 오시에떼 쿠다사이

여행 중
꼭 필요한
필수 일어사전 ①

주요 도시의 호텔

동경(東京)

ヒルトン東京(とうきょう)	히르톤 토-꾜
パークホテル	파-크호테르
セレンティンホテル	세렌틴호테루
品川(しなかわ)プリンスホテル	시나카와프린스호테루
ストリングスホテル	스토링구호헤루
赤坂(あかさか)エクセルホテル	아카사카에꾸세루호테루
セルリアンタワ東急(とうきゅう)ホテル	세루리안타와토-뀨-호테루
東京(とうきょう)ドームホテル	토-꾜-도-무호테루
京王(けいおう)プラザホテル	케이오-프라자호테루
ホテルグランパシフィックメリディアン	호테루구랑파시 힌 꾸디안
ホテル日航東京(にっこうとうきょう)	호테루닛꼬-토-꾜-
グランドハイアット東京(とうきょう)	구란도하이앗또토-꾜-

東京全日空(とうきょうぜんにっくう)ホテル

토-꾜-젠닛꾸-호테루

キャピトル東急(とうきゅう)ホテル

캿 피토루토-뀨-호테루

ホテルメトロポリタンエドモンド

호테루메토로포리탄에도몬도

홋카이도(北海道)

セェラトンホテル札幌(さっぽ)

쉐라똔호테루삿뽀로

アクアガ-デンホテル　　아쿠아가-덴호테루

函館国際(はこだてこくさい)ホテル

하코다떼콕사이호테루

函館温泉(はこだておんせん)ホテル

하코다떼온셍호테루

아오모리(青森)

青森(あおもり)グランドホテル

아오모리구란도호테루

青森国際(あおもりこくさい)ホテル

아오모리콕사이호테루

青森(あおもり)ワシントンホテル

아오모리와싱똔호테루

교토(京都)

京都(きょうと)ガーデンホテル	쿄-또가-뎅호테루
京都国際(きょうとこくさい)ホテル	쿄-또콕사이호테루
京都全日空(きょうとぜんにっくう)ホテル	쿄-또젠닛꾸-호테루
京都(きょうと)ホテルオクーラ	쿄-또호테루오쿠라
京都(きょうと)ロイヤルホテル	쿄-또로이야루호테루

나라(奈良)

春日(かすが)ホテル	카스가호테루
観光(かんこう)ホテル	캉-코-로테루
サンルート奈良(なら)	산루-또나라
奈良(なら)パークホテル	나라빠-꾸호테루
奈良(なら)ホテル	나라호테루
奈良(なら)ロイヤルホテル	나라로이야루호테루

나가노(長野)

サンル-ト長野 (ながの)	산루-또나가노
長野 (ながの) ステ-ションホテル	나가노스떼-숀호테루
長野 (ながの) セントラルホテル	나가노센또라루호테루
長野 (ながの) ワシントンホテルプラザ	나가노와싱똔호테루푸라자

오사카(大阪)

ア-クホテル大阪 (おおさか)	아-꾸호테루오-사카
アロ-ホテル	아-로호테루
大阪帝国 (おおさかていこく) ホテル	오-사카떼이콕꾸호테루

히로시마(広島)

サンホテル広島 (ひろしま)	산호테루히로시마
サンル-ト広島 (ひろしま)	산루-또히로시마
広島国際 (ひろしまこくさい) ホテル	히로시마콕사이호테루

広島 (ひろしま) セントラルホテル

히로시마센또라루호테루

広島全日空 (ひろしまぜんにっくう) ホテル

히로시마젠닛꾸-호테루

가고시마(鹿児島)

鹿児島 (かごしま) サンロイヤルホテル

카고시마산로이야루호테루

鹿児島東急 (かごしまとうきゅう) ホテル

카고시마토-뀨-호테루

鹿児島東急 (かごしまとうきゅう) イン

카고시마토-뀨-잉

오키나와(沖縄)

アネックスエッカホテル　　아넥쿠스엑카호테루

沖縄 (おきなわ) ホテル　　오키나와호테루

沖縄 (おきなわ) レインボ-ホテル　　오키나와레인보-호테루

ホテルサン沖縄 (おきなわ)　　호테루산오키나와

상점 이름 읽기

대중목욕탕	銭湯 (せんとう)	센또-
레코드가게	レコード店 (てん)	레꼬-도뗑
미용실	美容院 (びよういん)	비요-잉
병원	病院 (びょういん)	뵤-잉
빵집	パン屋 (パンや)	팡야
생선가게	魚や (さかなや)	사카나야
서점	本屋 (ほんや)	홍야
술집	居酒屋 (いざかや)	이자카야
슈퍼마켓	スーパー	스-파-
안경점	眼鏡屋 (めがねや)	메가네야
야채가게	八百屋 (やおや)	야오야
약국	薬屋 (くすりや)	쿠스리야
정육점	肉や (にくや)	니꾸야
패밀리레스토랑	ファミリーレストラン	화미리레스토랑

기내에서

면세품	免税品(めんぜいひん)	멘제-힝
베개	まくら	마꾸라
산소마스크	酸素(さんそマスク)マスク	산소마스크
술	酒(さけ)	사께
신문	新聞(しんぶん)	심붕
안전벨트	シートベルト	시-또베르또
이어폰	イヤホン	이야홍
잡지	雑誌(ざっし)	잣시
좌석번호	座席番号(ざせきばんごう)	자세끼방고-
향수	香水(こうすい)	코-스이
화장품	化粧品(けしょうひん)	케쇼-힝

공항에서

게이트	ゲート	게-또
공항이용권	空港利用券 (くうこうりようけん)	쿠-꼬-리요-껭
관광	観光 (かんこう)	캉꼬-
국내선	国内線 (こくないせん)	콕쿠나이셍
국제선	国際線 (こくさいせん)	콕사이셍
목적지	目的地 (もくてきち)	목꾸떼끼찌
비자	ビザ	비자
비즈니스	ビジネス	비지네스
세관검사	税関検査 (ぜいかんけんさ)	제이깐 켄사
신고	申告 (しんこく)	싱꼬꾸
신혼여행	新婚旅行 (しんこんりょこう)	싱꽁료-꼬
여권	パスポート	파스뽀-또
여권번호	パスポート番号 (パスポートばんごう)	파스뽀-또방고-
여행용가방	スーツケース	스-쯔케-스
유학	留学 (りゅうがく)	류-가꾸

이륙	離陸(りりく)	리리꾸
입국	入国(にゅうこく)	뉴-코꾸
입국목적	入国目的地(にゅうこくもくてきち)	뉴-꼬꾸모꾸떼끼치
입국심사	入国審査(にゅうこくしんさ)	뉴-꼬꾸신사
입국카드	入国カ-ド(にゅうこく)	뉴-코꾸카-도
착륙	着陸(ちゃくりく)	차꾸리꾸
출국	出国(しゅっこく)	숫코꾸
출국카드	出国カ-ド(しゅっこくカ-ド)	숫코꾸카-도
친구집	友達の家(ともだちのいえ)	토모다찌노우에
친척집	親戚の家(しんせきのいえ)	신세끼노우에
화장실	トイレ	토이레

이동할 때

출발

~행	~行き(ゆき)	유끼
각 역 정차	各駅停車(かくえきていしゃ)	카꾸에끼테-샤
개찰구	改札口(かいさつぐち)	카이사쯔구찌
그린석	グリーン席(グリーンせき)	그린-세끼
급행열차	急行列車(きゅうこうれっしゃ)	큐-꼬-렛샤
노선도	路線図(ろせんず)	로센즈
도착	到着(とうちゃく)	토-짜꾸
리무진버스 정류장	リムジンバス乗り場(のりば)	리무진바스 노리바
시각표	時刻表(じこくひょう)	지꼬꾸효-
신칸센	新幹線(しんかんせん)	신칸센
왕복표	往復切符(おうふくきっぷ)	오-후꾸킵뿌
자유석	自由席(じゆうせき)	지유-세끼
지정석	指定席(していせき)	시떼-세끼
지하철역	地下鉄駅(ちかてつえき)	치까떼쯔에끼
출발	出発(しゅっぱつ)	슙빠쯔

침대차	寝台車 (しんだいしゃ)	신다이샤
쾌속	快速 (かいそく)	카이소꾸
택시정류장	タクシ-乗り場 (タクシ-のりば)	
		타꾸시-노리바
특급열차	特急列車 (とっきゅうれっしゃ)	
		톡규-렛샤
편도표	片道切符 (かたみちきっぷ)	
		카따미찌킵뿌
표	切符 (きっぷ)	킵뿌
환승	乗り換え (のりかえ)	노리까에

렌터카, 주유소, 주차장을 이용할 때

가솔린	ガソリン	가소린
고속도로	高速道路 (こうそくどうろ)	
		코-소꾸도-로
공사중	工事中 (こうじちゅう)	코-지쮸
국제운전면허증	国際運転免許証 (こくさいうんてんめんきょうしょう)	
		콕사이운뗑멩꾜쇼-
대형차	大型車 (おおがたしゃ)	오-가따샤
만차	満車 (まんしゃ)	만샤
배터리	バッテリ	밧떼리
브레이크	ブレーキ	부레-끼
에어컨	エアコン	에아콘
엔진	エンジン	엔징
여권	パスポート	파스뽀-또
유료도로	有料道路 (ゆうりょうどうろ)	
		유-료-도-로
일방통행	一方通行 (いっぽうつうこう)	
		입뽀-쯔-꼬-
입구	入口 (いりぐち)	이리구찌

장애인용	障害者用(しょうがいしゃよう)	
		쇼-가이샤요-
주유소	ガソリンスタンド	가소린스탄도
주차금지	駐車禁止(ちゅうしゃきんし)	
		츄-샤킹시
주차장	駐車場(ちゅうしゃじょう)	쮸-샤쬬-
중형차	中型車(ちゅうがたしゃ)	쮸-가따샤
출구	出口(でぐち)	데구찌
타이어	タイヤ	타이야
펑크	パンク	팡쿠
헤드라이트	ヘッドライト	헷또라이또

숙박시설을 이용할 때

국제전화	国際通話(こくさいでんわ)	콕사이뎅와
귀중품	貴重品(きちょうひん)	키쬬-힝
냉방	冷房(れいぼう)	레이보-
냉장고	冷蔵庫(れいぞうこ)	레-조-꼬
더블 룸	ツインルーム	츠인루-무
룸서비스	ルームサビース	루-무사비-스
린스	リンス	린스
비누	せっけん	섹껭
샤워	シャワー	샤와
샴푸	シャンプー	샴뿌
세금	税金(ぜいきん)	제이낑
수도꼭지	蛇口(じゃぐち)	쟈구찌
스위치	スイッチ	스잇찌
스위트룸	スイートルーム	스이또루-무
시내통화	市内通話(しないつうわ)	시나이쯔-와
싱글 룸	シングルルーム	싱구루루-무
엘리베이터	エレベータ	에레베-따
옷장	クローゼット	쿠로-젯또

욕실	浴室(よくしつ)	요꾸시쯔
욕조	浴槽(よくそう)	요꾸소-
접수	受付(うけつけ)	우께츠께
지배인	支配人(しはいにん)	시하이닝
침대	ベッド	벳또
콘센트	コンセント	콘센또
타월	タオル	타오루

일본음식 읽기

간장	しょうゆ	쇼-유
달걀	たまご	타마고
닭고기와 달걀덮밥	親子丼 (おやこどん)	오야꼬동
도리아	ドリア	도리아
도미	たい	타이
돈까스	トンカツ	톤까쯔
돈까스덮밥	カツ丼 (カツどん)	카쯔동
돈꼬쯔라면	トンコツラーメン	톤꼬쯔라멘
라면	ラーメン	라멘
메밀국수	そば	소바
문어	たこ	타꼬
방어	はまち	하마찌
볶음밥	茶ーハン (ちゃハン)	챠-항
새우	えび	에비
생선초밥	すし	스시
샤브샤브	しゃぶしゃぶ	샤브샤브
소고기덮밥	牛どん (ぎゅうどん)	규-동
쇼가	しょうが	쇼-가
스튜	シチュー	시쮸

스파게티	スパゲッティ	스빠겟티
야채라면	野菜(やさい)ラーメン	야사이라멘
연어	しゃけ	샤께
연어알	いくら	이꾸라
오므라이스	オムライス	오무라이스
오징어	いか	이까
우동	うどん	우동
유부초밥	いなり	이나리
일본식 된장국	みそしる	미소시루
장어덮밥	うな丼(うなどん)	우나동
정식	定食(ていしょく)	테이쇼꾸
참치	まぐろ	마구로
카레	カレ	카레
회	刺身(さしみ)	사시미

조미료와 맛 표현

간장	醬油(しょうゆ)	쇼-유
겨자	からし	카라시
고추기름	ラ-ユ	라-유
달다	甘い(あまい)	아마이
된장	みそ	미소
마요네즈	マヨネ-ズ	마요네-즈
맛있다	おいしい	오이시-
맵다	辛い(からい)	카라이
설탕	さとう	사또-
소금	しお	시오
시다	すっぱい	습빠이
식초	酢(す)	스
쓰다	苦い(にがい)	니가이
와사비	わさび	와사비
짜다	しょパイ	숍빠이
케첩	ケチャップ	케챱뿌
후추	コショウ	코쇼-

패스트푸드점과 술집 메뉴 읽기

개인 접시	取り皿(とりざら)	토리자라
건배	乾杯(かんぱい)	칸빠이
계산	勘定(かんじょう)	칸죠-
레몬칵테일	レモンサワ-	레몬사와-
매실주	梅酒(うめしゅ)	우메슈
맥주	ビ-ル	비-루
물	水(みず)	미즈
백포도주	白(しろ)ワイン	시로와인
병맥주	ビンビ-ル	빙비-루
샴페인	シャンペン	샴뻥
야채샐러드	野菜(やさい)サラダ	야사이사라다
얼음	氷(こおり)	코-리
오렌지주스	オレンジジュ-ス	오렌지쥬-스
우메보시 칵테일	梅干(うめぼし)しサワ-	우메보시사와-
일본술	日本酒(にほんしゅ)	니혼슈
재떨이	灰皿(はいざら)	하이자라
적포도주	赤(あか)ワイン	아까와인
칵테일	カクテル	카꾸테루
커피	コ-ヒ	코-히-

콜라	コーラ	코-라
프렌치프라이	フレンチフライ	후렌찌후라이
햄버거	ハンバーガー	함바-가-
홍차	紅茶(こうちゃ)	코-차

관광

가라오케	カラオケ	카라오케
관광명소	観光名所 (かんこうめいしょ)	
		캉꼬-메이쇼
관광버스	観光バス (かんこう)	캉꼬-바스
관광안내소	観光案内所 (かんこうあんないしょ)	
		캉꼬-안나이쇼
미술관	美術館 (びじゅつかん)	비쥬쯔깐
박물관	博物館 (はくぶつかん)	하꾸부쯔깐
성	お城 (しろ)	오시로
쓰레기통	ゴミ箱 (ばこ)	고미바꼬
어른 / 어린이	大人 / 子供 (おとな / こども)	
		오또나 / 코도모
온천	温泉 (おんせん)	온셍
유적	遺跡 (いせき)	이세끼
의사당	議事当 (ぎじとう)	기지또-
촬영금지	撮影禁止 (さつえいぎんし)	
		사쯔에이깅시
팸플릿	パンフレット	팜후렛또
학생	学生 (がくせい)	각세이

스포츠

골프	ゴルフ	고루후
낚시	つり	쯔리
농구	バスケットボ-ル	바스껫또보-루
배구	バレ-ボ-ル	바레-보-루
볼링	ボ-リング	보-링구
서핑	サ-フィン	사-힝
수영	水泳(すいえい)	스이에이
스쿠버다이빙	スキュ-バダイビング	스큐-바다이빙구
스키	スキ-	스끼-
야구	野球(やきゅう)	야뀨-
축구	サッカ-	삭까
테니스	テニス	테니스

귀고리	ピアス	피아스
귀고리 거는식	イヤリング	이아링구
기름종이	油とり（あぶらとり）	아부라토리
기모노	きもの	키모노
긴팔	長袖（ながそで）	나가소데
내의	下着（したぎ）	시따기
넥타이	ネクタイ	네꾸타이
립스틱	口紅（くちべに）	쿠찌베니
마스카라	マスカラ	마스카라
머리띠	ヘアバンド	헤아반도
모자	ぼうし	보-시
목걸이	ネックレス	넥꾸레스
바지	ズボン	즈봉
반바지	半（はん）ズボン	한즈봉
반지	ゆびわ	유비와
반팔	半袖（はんそで）	한소데
벨트	ベルト	베르또
선물	おみやげ	오미야게
소매 없는 옷	そでなし	소데나시

손수건	ハンカチ	한카찌
숄더백	ショルダ-バック	쇼루다-박꾸
수영복	水着 (みずぎ)	미즈기
스카프	スカ-フ	스카-후
스커트	スカ-ト	스까-또
스타킹	ストキング	스토킹구
신발	くつ	쿠쯔
선 크림	日焼 (ひや)けどめクリ-ム	
		히야께도메크리무
아이섀도	アイシャドウ	아이샤도-
안경	めがね	메가네
양말	くつした	쿠쯔시따
옷	ふく	후꾸
목욕옷	浴衣 (ゆかた)	유까따
장갑	手袋 (てぶくろ)	테부꾸로
지갑	財布 (さいふ)	사이후
청바지	ジ-ンズ	진-즈
코트	コ-ト	코-또
특산품	特産品 (とくさんひん)	토꾸산힝
팔찌	ブレスレット	부레스렉또
핸드백	ハンドバック	한도박꾸

전자제품

CD 플레이어	CDプレーヤ	시디푸레-야
MD 플레이어	MDプレーヤ	에무디푸레-야
디지털카메라	デジタルカメラ	데지따루카메라
밥솥	炊飯器（すいはんき）	스이항끼
워크 맨	ウォ-クマン	워-꾸망
캠코더	ビデオカメラ	비데오카메라
컴퓨터	パソコン	파소콩

공연

가부끼	歌舞伎(かぶき)	카부끼
무대	舞台(ぶたい)	부따이
뮤지컬	ミュージカル	뮤-지카루
발라드	バラード	바라-도
서양음악	洋樂(ようがく)	요-가꾸
스모	相撲(すもう)	스모-
엔카	えんか	엥까
연극	演劇(えんげき)	엥게끼
영화	映画(えいが)	에이가
입석	立見席(たちみせき)	타찌미세끼
재즈	ジャズ	쟈즈
콘서트	コンサート	콘싸-또
클래식	クラシック	쿠라식꾸

편의점

담배	タバコ	타바꼬
린스	リンス	린스
복사	コピ-	코삐
비누	せっけん	섹껭
샌드위치	サンドイッチ	산도잇찌
샴푸	シャンプ	샴뿌
삼각김밥	おにぎり	오니기리
치약	歯磨き粉 (はみがきこ)	하미가끼꼬
칫솔	歯ブラシ (はブラシ)	하부라시
필름	フィルム	히르무

우편·통신

공중전화	公衆電話 (こうしゅうでんわ)	코-슈-뎅와
국제전화	国際電話 (こくさいでんわ)	콕사이뎅와
그림엽서	絵はがき (えはがき)	에하가끼
기념우표	記念切手 (きねんきって)	키넹킷떼
등기우편	書留 (かきとめ)	카끼토메
봉투	封筒 (ふうとう)	후-또-
선편	船便 (ふなびん)	후나빙
소포	小包 (こづつみ)	코즈쯔미
속달	速達 (そくたつ)	소꾸타쯔
수화기	受話器 (じゅわき)	쥬와끼
시내전화	市内電話 (しないでんわ)	시나이뎅와
엽서	ハガキ	하가끼
우체국	郵便局 (ゆうびんきょく)	유-빙꾜꾸
우체통	ポスト	포스또
우편번호	郵便番号 (ゆうびんばんごう)	유-빙방고-
전보	電報 (でんぽう)	뎀뽀-

전화박스	電話 (でんわ) ボックス	뎅와복꾸스
전화카드	テレホンカ-ド	테레홍카-도
주소	住所 (じゅうしょ)	쥬-쇼
편지	手紙 (てがみ)	테가미
편지지	便せん (びんせん)	빈셍
풀	のり	노리
항공편	航空便 (こうくうびん)	코-꾸-빙

환 전

여행자 수표	トラベラ-ズチェック	
		토라베라즈첵크
은행	銀行-(ぎんこう)	깅-꼬
잔돈	小銭(こぜに)	코제니
지폐	紙幣(しへい)	시헤이
통화	通貨(つうか)	쯔-까
환율	為替(かわせ)レ-ト	카와세레-또
환전	兩替(りょうがえ)	료-가에

날 씨

기온	気温（きおん）	키옹
날씨	天気（てんき）	텡끼
맑음	晴れ（はれ）	하레
습기	しっけ	식께
습도	湿度（しつど）	시쯔도
온도	温度（おんど）	온도
일기예보	天気予報（てんきよほう）	텡끼요호—
흐림	曇り（くもり）	쿠모리

응급상황

간호사	看護婦 (かんごふ)	캉고후
감기	風邪 (かぜ)	카제
검사	検査 (けんさ)	켄사
골절	骨折 (こっせつ)	콧세쯔
구급차	救急車 (きゅうきゅうしゃ)	큐-큐-샤
내과	内科 (ないか)	나이까
두드러기	じんましん	짐마신
맹장염	盲腸炎 (もうちょうえん)	모-쬬-엥
멀미약	酔い止め (よいどめ)	요이도메
반창고	絆創膏 (はんそうこ)	반소-꼬-
병원	病院 (びょういん)	뵤-잉
붕대	包帯 (ほうたい)	호-따이
수술	手術 (しゅずつ)	슈쥬쯔
식욕	食欲 (しょくよく)	쇼꾸요꾸
아스피린	アスピリン	아스피린
안약	目薬 (めぐすり)	메구스리
약	薬 (くすり)	쿠스리
연고	軟膏 (なんこう)	낭꼬-
염좌	ねんざ	넨좌

영수증	領収書(りょうしゅうしょ)	료-슈-쇼
외과	外科(げか)	게까
위장약	異腸薬(いちょうやく)	이쬬-야꾸
응급처치	応急手当(おうきゅうてあて)	오-큐-떼아떼
의사	いしゃ	이샤
입	口(くち)	쿠찌
주사	注射(ちゅうしゃ)	쮸-샤
진단서	診断書(しんだんしょ)	신단쇼
진통제	鎮痛剤(ちんつうざい)	친쯔-자이
처방전	処方せん(しょほうせん)	쇼호-센
체온	体温(たいおん)	타이옹
출혈	出血(しゅっけつ)	슛케쯔
탈지면	脱脂綿(だっしめん)	닷시멘
통증	痛み(いたみ)	이따미
파스	シップ	십뿌
폐렴	肺炎(はいえん)	하이엥
해열제	解熱剤(げねつざい)	게네쯔자이
현기증	めまい	메마이
혈압	血圧(けつあつ)	케쯔아쯔
화상	やけど	야케도

분실 · 도난시

경찰	警察 (けいさつ)	케이사쯔
길에서	道で (みちで)	미찌데
도난	盗難 (とうなん)	토-난
도둑	泥棒 (どろぼう)	도로보-
역에서	駅で (えきで)	에끼데
연락처	連絡先 (れんらくさき)	렌라꾸사끼
열차에서	列車で (れっしゃで)	렛샤데
장소	場所 (ばしょ)	바쇼
주소	住所 (じゅうしょ)	쥬-쇼
한국대사관	韓国大使館 (かんこくたいしかん)	캉꼬꾸타이시깐

직업

고등학생	高校生 (こうこうせい)	코-꼬-세이
광고회사	広告会社 (こうこくかいしゃ)	
		코-꼬꾸카이샤
대학생	大学生 (だいがくせい)	다이각세이
디자이너	デザイナ	데자이나
보험회사	保険会社 (ほけんかいしゃ)	
		호껭카이샤
연수	研修 (けんしゅう)	켄슈-
의사	医師 (いし)	이시
인사	あいさつ	아이사쯔
일로	仕事で (しごとで)	시고또데
중학생	中学生 (ちゅうがくせい)	쮸-각세이
취미	趣味 (しゅみ)	슈미
학생	学生 (がくせい)	각세이
회사원	会社員 (かいしゃいん)	카이샤잉
휴가	休暇 (きゅうか)	큐-까

217

때

그저께	おととい	오또또이
금년	今年(ことし)	코또시
내년	来年(らいねん)	라이넹
내일	明日(あした)	아시따
다음 달	来月(らいげつ)	라이게쯔
다음 주	来週(らいしゅう)	라이슈-
모레	あさって	아삿떼
밤	夜(よる)	요루
어제	昨日(きのう)	키노-
오늘	今日(きょう)	쿄-
오늘밤	今晩(こんばん)	콤방
오전	午前(ごぜん)	고젠
오후	午後(ごご)	고고
이번 달	今月(こんげつ)	콩게쯔
이번 주	今週(こんしゅう)	콘슈-
작년	去年(きょねん)	쿄넹
정오	正午(しょうご)	쇼-고
주말	週末(しゅうまつ)	슈-마쯔
지난 달	先月(せんげつ)	셍게쯔
지난 주	先週(せんしゅう)	센슈-

계 절

봄	春 (はる)	하루
여름	夏 (なつ)	나쯔
가을	秋 (あき)	아끼
겨울	冬 (ふゆ)	후유

요일

월요일	月曜日 (げつようび)	게쯔요-비
화요일	火曜日 (かようび)	카요-비
수요일	水曜日 (すいようび)	스이요-비
목요일	木曜日 (もくようび)	모꾸요-비
금요일	金曜日 (きんようび)	킹요-비
토요일	土曜日 (どようび)	도요-비
일요일	日曜日 (にちようび)	니찌요-비

숫자

1	一(いち)	이찌
2	二(に)	니
3	三(さん)	상
4	四(し / よん)	시 / 용
5	五(ご)	고
6	六(ろく)	로꾸
7	七(しち / なな)	시찌 / 나나
8	八(はち)	하찌
9	九(きゅう / く)	큐 / 쿠
10	十(じゅう)	쥬 –
11	十一(じゅういち)	쥬 – 이찌
20	二十(にじゅう)	니쥬 –
21	二十一(にじゅういち)	니쥬 – 이찌
30	三十(さんじゅう)	산쥬 –
31	三十一(さんじゅういち)	산쥬 – 이찌
40	四十(よんじゅう)	욘쥬 –
41	四十一(よんじゅういち)	욘쥬 – 이찌
50	五十(ごじゅう)	고쥬 –
51	五十一(ごじゅういち)	고쥬 – 이찌

60	六十 (ろくじゅう)	로꾸쥬 –
61	六十一 (ろくじゅういち)	로꾸쥬 – 이찌
70	七十 (ななじゅう)	나나쥬 –
71	七十一 (ななじゅういち)	나나쥬 – 이찌
80	八十 (はちじゅう)	하찌쥬 –
81	八十一 (はちじゅういち)	하찌쥬 – 이찌
90	九十 (きゅうじゅう)	큐 – 쥬 –
91	九十一 (きゅうじゅういち)	큐 – 쥬 –이찌
100	百 (ひゃく)	햐꾸
1000	千 (せん)	셍
10,000	一萬 (いちまん)	이찌망

시 간

1시	一時 (いちじ)	이찌지
2시	二時 (にじ)	니지
3시	三時 (さんじ)	산지
4시	四時 (よじ)	요지
5시	五時 (ごじ)	고지
6시	六時 (ろくじ)	로꾸지
7시	七時 (しちじ)	시찌지
8시	八時 (はちじ)	하찌지
9시	九時 (くじ)	쿠지
10시	十時 (じゅうじ)	쥬 – 지
11시	十一時 (じゅういちじ)	쥬 – 이찌지
12시	十二時 (じゅうにじ)	쥬 – 니지

신 체

가슴	胸(むね)	무네
귀	耳(みみ)	미미
눈	目(め)	메
다리	脚(あし)	아시
등	背中(せなか)	세나까
머리	頭(あたま)	아따마
목	首(くび)	쿠비
무릎	膝(ひざ)	히자
발	足(あし)	아시
발목	足首(あしくび)	아시쿠비
배	腹(はら)	하라
배꼽	へそ	헤소
손	手(て)	테
손가락	指(ゆび)	유비
손목	手首(てくび)	테꾸비
어깨	肩(かた)	카따
얼굴	顔(かお)	카오
이	歯(は)	하
입	口(くち)	쿠찌

입술	唇 (くちびる)	쿠찌비루
코	鼻 (はな)	하나
턱	あご	아고
팔	腕 (うで)	우데
팔꿈치	ひじ	히지
허리	腰 (こし)	코시
혀	舌 (した)	시따

옷감

나일론	ナイロン	나이롱
마	麻 (あさ)	아사
면	綿 (わた)	와따
실크	絹 (きぬ)	키누
울	ウール	우-루
캐시미어	カシミア	카시미아
폴리에스테르	ポリエステル	포리에스떼루

강	川(かわ)	카와
바다	海(うみ)	우미
산	山(やま)	야마
섬	島(しま)	시마
숲	森(もり)	모리
연못	池(いけ)	이께
폭포	滝(たき)	타끼
호수	湖(みずうみ)	미즈우미

보 석

금	金(きん)	킹
다이아몬드	ダイアモンド	다이아몬도
루비	ルビ-	루비-
보석	宝石(ほうせき)	호-세끼
사파이어	サファイア	사하이아
산호	さんご	상고
에메랄드	エメラルド	에메라루도
은	銀(ぎん)	깅
진주	真珠(しんじゅ)	신쥬
카메오	カメオ	카메오
호박	こはく	코하꾸

방향

동	東(ひがし)	히가시
서	西(にし)	니시
남	南(みなみ)	미나미
북	北(きた)	키따

반대말

두꺼운	厚い(あつい)	아쯔이
얇은	薄い(うすい)	우스이
비싼	高い(たかい)	타까이
싼	安い(やすい)	야스이
밝은	明るい(あかるい)	아까루이
어두운	暗い(くらい)	쿠라이
큰	大きい(おおさい)	오-끼이
작은	小さい(ちいさい)	치이사이
딱딱한	固い(かたい)	카따이
부드러운	柔らかい(やわらかい)	야와라까이
느슨한	ゆるい	유루이
꼭 끼는	きつい	키쯔이
무거운	重い(おもい)	오모이
가벼운	軽い(かるい)	카루이

야 채

가지	ナス	나스
감자	ジャガイモ	쟈가이모
고구마	サツマイモ	사쯔마이모
고추	トウガラシ	토-가라시
당근	にんじん	닌징
마늘	ニンニク	닌니꾸
무	大根(だいこん)	다이꽁
버섯	キノコ	키노꼬
시금치	ホウレンソウ	호-렌소-
야채	野菜(やさい)	야사이
양파	タマネギ	타마네기
오이	キュウリ	큐-리
옥수수	トウモロコシ	토-모로꼬시
토마토	トマト	토마토
파	ネギ	네기
호박	カボチャ	카보쨔

여행 중
꼭 필요한
필수 일어사전
②

가구	家具(かぐ)	카구
가능성	可能性(かのうせい)	카노-세-
가려운	かゆい	카유이
가루	粉(こな)	코나
가르치다	教える(おしえる)	오시에루
가벼운	軽い(かるい)	카루이
가솔린	ガソリン	가소린
가수	歌手(かしゅ)	카슈
가을	秋(あき)	아끼
가정	家庭(かてい)	카떼이
가족	家族(かぞく)	카조꾸
가죽	皮(かわ)	카와
가축	家畜(かちく)	카찌꾸
갈매기	カモメ	카모메
감	カキ	카끼
강의	講義(こうぎ)	코-기
개	犬(いぬ)	이누
개관시간	開館時間(かいかんじかん)	카이깐지깐
개구리	かえる	카에루
개성	個性(こせい)	코세이
개인	個人(こじん)	코진
개인실	個室(こしつ)	코시쯔
거리	距離(きょり)	쿄리
거북이	カメ	카메
거울	鏡(かがみ)	카가미

거짓말	嘘 (うそ)	우소
건배	乾杯 (かんぱい)	칸빠이
건축	建築 (けんちく)	켄찌꾸
걷다	歩く (あるく)	아루꾸
검사	検査 (けんさ)	켄사
검역	検疫 (けんえき)	켕에끼
결정	決定 (けってい)	켓떼이
결정하다	決める (きめる)	키메루
결혼	結婚 (けっこん)	켁꽁
경마	競馬 (けいば)	케이바
경식	軽食 (けいしょく)	케이쇼꾸
경제	経済 (けいざい)	케-자이
계단	階段 (かいだん)	카이당
계산하다	計算する (けいさんする)	케-산스루
계약	契約 (けいやく)	케이야꾸
계절	季節 (きせつ)	키세쯔
계획	計画 (けいかく)	케-까꾸
고등학교	高校 (こうこう)	코-코-
고양이	ねこ	네꼬
골동품	骨董品 (こっとうひん)	콧또-힝
공교롭게	あいにく	아이니꾸
공무원	公務員 (こうむいん)	코무잉
공사	工事 (こうじ)	코우지
공업	工業 (こうぎょう)	코-교-
공연	公演 (こうえん)	코-엔
공원	公園 (こうえん)	코-엔
공장	工場 (こうじょう)	코-죠-

공해	公害 (こうがい)	코-가이
과로	過労 (かろう)	카로-
과일	果物 (くだもの)	쿠다모노
과장	課長 (かちょう)	카쬬-
과장	誇張 (こちょう)	코쬬-
과학	科学 (かがく)	카가꾸
관리	管理 (かんり)	칸리
관세	関税 (かんぜい)	칸제이
교과서	教科書 (きょうかしょ)	쿄-까쇼
교사	教師 (きょうし)	쿄-시
교섭	交渉 (こうしょう)	코-쇼-
교수	教授 (きょうじゅ)	쿄-쥬
교외	郊外 (こうがい)	코-가이
교환	交換 (こうかん)	코-깐
교회	教会 (きょうかい)	쿄-까이
구급차	救急車 (きゅうきゅうしゃ)	큐-큐-샤
구독	購読 (こうどく)	코-도꾸
국경	国境 (こっきょう)	콕꾜-
국기	国旗 (こっき)	콕끼
국회	国会 (こっかい)	콕까이
굴뚝	煙突 (えんとつ)	엔또쯔
궁전	宮殿 (きゅうでん)	큐-뎅
귀국	帰国 (きこく)	키꼬꾸
귀금속	貴金属 (ききんぞく)	키낑조꾸
귀여운	かわいい	카와이이
규칙	規則 (きそく)	키소꾸
그리다	描く (えがく)	에가꾸

그림	絵 (え)	에
그림책	絵本 (えほん)	에홍
금액	金額 (きんがく)	킹가꾸
금연	喫煙 (きつえん)	키쯔엔
급행열차	急行列車 (きゅうこうれっしゃ)	
		큐-큐-렛샤
기간	期間 (きかん)	키깡
기내식	機内食 (きないしょく)	키나이쇼꾸
기념일	記念日 (きねんび)	키넴비
기록	記録 (きろく)	키로꾸
기름	油 (あぶら)	아부라
기부	寄付 (きふ)	키후
기쁜	うれしい	우레시이
기사	記事 (きじ)	키지
기술	技術 (きじゅつ)	키쥬쯔
기억하다	覚える (おぼえる)	오보에루
기업	企業 (きぎょう)	키교-
기저귀	おむつ	오무쯔
기침	くしゃみ	쿠샤미
기후	気候 (きこう)	키꼬우
긴급	緊急 (きんきゅう)	킹큐-
껌	ガム	가므

ㄴ

나라	国（くに）	쿠니
난방	暖房（だんぼう）	담보-
남동생	弟（おとうと）	오또우또
남자	男（おとこ）	오또꼬
남자아이	男の子（おとこのこ）	오또꼬노꼬
내리다	降りる（おりる）	오리루
노래	歌（うた）	우따
노래방	カラオケ	카라오께
노래하다	歌う（うたう）	우따우
놀다	遊ぶ（あそぶ）	아소부
놀라다	驚く（おどろく）	오도로꾸
누구	だれ	다레
누군가	だれか	다레까
누르다	押す（おす）	오스
늦다	遅れる（おくれる）	오꾸레루

ㄷ

다리미	アイロン	아이롱
다림질을 하다	アイロンをかける	아이롱오 카케루
단점	短所（たんしょ）	탄쇼
대사관	大使館（たいしかん）	타이시깐
대학	大学（だいがく）	다이가꾸
대학생	大学生（だいがくせい）	다이가꾸세-

돈	お金（かね）	오까네
돌아오다 / 돌아가다	帰る（かえる）	카에루
돕다	助ける（たすける）	타스께루
동전	硬貨（コイン）（こうか）	코인
뒤	後ろ（うしろ）	우시로
땀	汗（あせ）	아세
떨어뜨리다	落とす（おとす）	오또스

□

만나다	会う（あう）	아우
만석	満席（まんせき）	만세끼
만족	満足（まんぞく）	만조꾸
만지다	さわる	사와루
맛	味（あじ）	아지
매운	辛い（からい）	카라이
매진	売り切れ（うりきれ）	우리끼레
먹다	食べる（たべる）	타베루
멋있는	かっこいい	각꼬이이
면세	免税（めんぜい）	멘제이
면세점	免税店（めんぜいてん）	멘제이뗑
면세품	免税品（めんぜいひん）	멘제이힝
모기	蚊（か）	카
목소리	声（こえ）	코에
목수	大工（だいく）	다이꾸
묘지	墓地（ぼち）	보찌

무역	貿易 (ぼうえき)	보-에끼

ㅂ

바구니	かご	카고
바꾸다	変える (かえる)	카에루
바다	海 (うむ)	우미
바둑	囲碁 (いご)	이고
바람	風 (かぜ)	카제
바쁜	忙しい (いそがしい)	이소가시-
바위	岩 (いわ)	이와
받아들이다	受け入れる (うけいれる)	우케이레루
방문하다	訪れる (おとずれる)	오또즈레루
방해하다	じゃまする	쟈마오스루
벚꽃	さくら	사꾸라
벽	壁 (かべ)	카베
변호사	辯護士 (べんごし)	벤고시
병따개	栓抜き (せんぬき)	센누끼
보관하다	預ける (あずける)	아즈께루
보내다	送る (おくる)	오꾸루
보도	歩道 (ほどう)	호도-
보험	保険 (ほけん)	호껭
복사	コピ-	코피-
부엌	台所 (だいどころ)	다이도꼬로
비	雨 (あめ)	아메

비밀번호	暗証番号（あんしょうばんごう）	
		안쇼-방고-
비어 있다	空いている（あいている）	아이떼이루
빈자리	空席（くうせき）	쿠-세끼
빌리다	借りる（かりる）	카리루

ㅅ

사건	事件（じけん）	지껭
사고	事故（じこ）	지꼬
사다	買う（かう）	카우
사막	砂漠（さばく）	사바꾸
사우나	サウナ	사우나
사장	社長（しゃちょう）	샤-쬬-
사전	辞書（じしょ）	지쇼
사진	写真（しゃしん）	샤싱
사회	社会（しゃかい）	샤까이
사회복지	社会福祉（しゃかいふくし）	샤까이후꾸시
상대	相手（あいて）	아이떼
상어	サメ	사메
상연	上演（じょうえん）	쬬-엔
상처	きず	키즈
상황	状況（じょうきょう）	쬬-꾜-
새로운	新しい（あたらしい）	아따라시이
새우	えび	에비
샐러드	サラダ	사라다

생각하다	思う(おもう)	오모우
생선	魚(さかな)	사까나
서두르다	急ぐ(いそぐ)	이소구
선풍기	扇風機(せんぷうき)	센뿌-끼
섬	島(しま)	시마
소고기	牛肉(ぎゅうにく)	규-니꾸
소금	しお	시오
소리	音(おと)	오또
소문	うわさ	우와사
소화기	消火器(しょうかき)	쇼-까끼
속담	ことわざ	코또와자
속옷	下着(したぎ)	시따기
쇼핑	買い物(かいもの)	카이모노
수도	首都(しゅと)	슈또
수상	首相(しゅしょう)	슈쇼-
수업	授業(じゅぎょう)	쥬교-
숙제	宿題(しゅくだい)	슈꾸다이
숨	息(いき)	이끼
슬픈	悲しい(かなしい)	카나시이
습관	習慣(しゅうかん)	슈-깐
승객	乗客(じょうきゃく)	죠-꺅꾸
시각	時刻(じこく)	지꼬꾸
시간	時間(じかん)	지깐
시골	田舎(いなか)	이나까
시끄러운	うるさい	우루사이
시합	試合(しあい)	시아이
시험	試験(しけん)	시껭

식다	冷める (さめる)	사메루
실	糸 (いと)	이또
실업	失業 (しつぎょう)	시쯔교-
실패하다	失敗する (しっぱいする)	싯빠이스루
쌀	米 (こめ)	코메
썩다	腐る (くさる)	쿠사루
쓰다	書く (かく)	카꾸
쓰레기	ゴミ	고미
쓰레기통	ゴミ箱 (ばこ)	고미바꼬
씻다	洗う (あらう)	아라우

ㅇ

아들	息子 (むすこ)	무스꼬
아버지	父 (ちち)	찌찌
아스피린	アスピリン	아스피린
악수하다	握手する (あくしゅする)	아꾸슈스루
안	奥 (おく)	오꾸
안내	案内 (あんない)	안나이
안내소	案内所 (あんないしょ)	안나이쇼
안전	安全 (あんぜん)	안젠
암	癌 (がん)	강
앨범	アルバム	아루부무
어린이	子供 (こども)	코도모
어머니	母 (はは)	하하
어울리다	似合う (にあう)	니아우

어학	語学 (ごがく)	고가꾸
언니, 누나	姉 (あね)	아네
언덕	坂 (さか)	사까
언어	言語 (げんご)	겡고
언어학	言語学 (げんごがく)	겡고가꾸
언제	いつ	이츠
얼굴	顔 (かお)	카오
얼다	凍る (こおる)	코오루
얼음	氷 (こおり)	코-리
에너지	エネルギ	에네르기
여기	ここ	코코
여기	これ	코레
여동생	妹 (いもうと)	이모우또
여드름	ニビキ	니비끼
여자	女子 (おんな)	온나
여자아이	女の子 (おんなのこ)	온나노꼬
연못	池 (いけ)	이께
연수	研修 (けんしゅ)	켄슈
연주회	演奏会 (えんそうかい)	엔소-까이
연필	鉛筆 (えんぴつ)	엔삐쯔
열쇠	鍵 (かぎ)	카기
영어	英語 (えいご)	에이고
영업시간	営業時間 (えいぎょうじかん)	에이교-지깐
영업중	営業中 (えいぎょうちゅう)	에이교쮸-
예쁜	きれい	키레이
예술	芸術 (げいじゅつ)	게이쥬쯔

오빠, 형	兄 (あに)	아니
오토바이	オ-トバイ	오-토바이
외국인	外国人 (がいこくじん)	가이꼬꾸징
외무성	外務省 (がいむしょう)	카이무쇼-
우산	傘 (かさ)	카사
우유	牛乳 (ぎゅうにゅう)	규-뉴
운동	運動 (うんどう)	운도-
운동회	運動会 (うんどうかい)	운도-까이
운임	運賃 (うんちん)	운찡
운전수	運転手 (うんてんしゅ)	운뗀슈
원인	原因 (げんいん)	겡잉
원조	援助 (えんじょ)	엔죠
원주민	原住民 (げんじゅうみん)	겐쥬민
위	上 (うえ)	우에
위경련	胃けいれん (いけいれん)	이케이렌
위치	位置 (いち)	이치
위험	危険 (きけん)	키껭
유리	ガラス	가라스
음악	音樂 (おんがく)	옹가꾸
음주	飲酒 (いんしゅ)	인슈
응급처치	応急処置 (おうきゅうしょち)	오우큐-쇼찌
의견	意見 (いけん)	이껜
의무	義務 (ぎむ)	기무
의미하다	意味する (いみする)	이미스루
의상	衣装 (いしょう)	이쇼-
의자	いす	이스
의학	医学 (いがく)	의가꾸

이것들	これら	코레라
이기다	勝(か)つ	카츠
이름	名前(なまえ)	나마에
인스턴트식품	インスタント食品(しょくひん)	인스탄또쇼꾸힝
인터넷	インタ-ネット	인따-넷또
일	仕事(しごと)	시고또
일본요리	日本料理(にほんりょうり)	니혼료-리
일어나다	起(お)きる	오끼루
잃다	失(うしな)う	우시나우
입다	着(き)る	키루
잉어	コイ	코이
잉크	インク	잉끄

ㅈ

자동판매기	自動販売機(じどうはんばいき)	지도-한바이끼
자매	姉妹(しまい)	시마이
자본주의	資本主義(しほんしゅぎ)	시혼슈기
자유	自由(じゆう)	지유-
자전거	自転車(じてんしゃ)	지뗀샤
작가	作家(さっか)	삭까
장례식	葬式(そうしき)	소-시끼
장점	長所(ちょうしょ)	쬬-쇼
재고	在庫(ざいこ)	자이꼬

재료	材料 (ざいりょう)	자이료-
재판	裁判 (さいばん)	사이방
재해	災害 (さいがい)	사이가이
전문학교	専門学校 (せんもんがっこう)	센몽각꼬-
접수	受付 (うけつけ)	우께쯔께
조각	彫刻 (ちょうこく)	쪼-꼬꾸
조개	貝 (かい)	카이
조건	条件 (じょうけん)	죠-껜
졸업	卒業 (そつぎょう)	소쯔교-
종교	宗教 (しゅうきょう)	슈-꾜-
종류	種類 (しゅるい)	슈루이
종이	紙 (かみ)	카미
주부	主婦 (しゅふ)	슈후
지구	地球 (ちきゅう)	치뀨-
지금	今 (いま)	이마
지방	脂肪 (しぼう)	시보-
지불	支払い (しはらい)	시하라이
진한	濃い (こい)	코이
질리다	飽きる (あきる)	아끼루
질문	質問 (しつもん)	시쯔몽

ㅊ

| 찬성하다 | 賛成する (さんせいする) | 산세이스루 |
| 참가하다 | 参加する (さんかする) | 상까스루 |

찾다	探す(さがす)	사가스
청소	掃除(そうじ)	소-지
체조	体操(たいそう)	따이소-
초등학교	小学校(しょうがっこう)	쇼-각꼬-
최근	最近(さいきん)	사이낑
최선	最善(さいぜん)	사이젠
최후	最後(さいご)	사이고
추억	思い出(おもいで)	오모이데
추월금지	追越禁止(おいこしきんし)	오이코시킹시
축하합니다	おめでとう	오메데또-
춤	踊り(おどり)	오도리
춤추다	踊る(おどる)	오도루
취소	キャンセル	캰세루

ㅋ

카지노	カジノ	카지노
콘돔	コンド-ム	콘도-므
큰거리	大通り(おおどおり)	오오도오리

ㅌ

| 태풍 | 台風(たいふう) | 타이후- |

| 팔다 | 売る (うる) | 우루 |
| 피하다 | 避ける (さける) | 사께루 |

한 장	一枚 (いちまい)	이찌마이
한방약	漢方薬 (かんぽうやく)	칸뽀-야꾸
할머니	祖母 (そぼ)	소보
할아버지	祖父 (そふ)	소후
항목	項目 (こうもく)	코-모꾸
항의	抗議 (こうぎ)	코-기
해결하다	解決する (かいけつする)	카이께쯔스루
해협	海峡 (かいきょう)	카이꾜-
행동	行動 (こうどう)	코-도-
행사	行事 (きょうじ)	교-지
향기	香り (かおり)	카오리
향수	香水 (こうすい)	코-스이
험한	険しい (けわしい)	케와시이
현금	現金 (げんきん)	겡낑
협력	協力 (きょうりょく)	교-료꾸
화병	花瓶 (かびん)	카빙
화산	火山 (かざん)	카잔
화장품	化粧品 (けしょうひん)	케쇼-힝
화재	火事 (かじ)	카지

화학	化学 (かがく)	카가꾸
확인하다	確認する (かくにんする)	카꾸닝스루
환경	環境 (かんきょう)	캉꾜-
환자	患者 (かんじゃ)	칸쟈
회복하다	回復する (かいふくする)	카이후꾸스루
회수권	回数券 (かいすうけん)	카이스-껭
회화	会話 (かいわ)	카이와
효과	効果 (こうか)	코-까
휠체어	車椅子 (くるまいす)	쿠루마이스
휴가	休暇 (きゅうか)	큐-까
휴대폰	携帯電話 (けいたいでんわ)	케이따이뎅와
흥미	興味 (きょうみ)	쿄-미

가림출판사 / 가림M&B / 가림Let's 에서 나온 책들

문 학

바늘구멍
켄 폴리트 지음 / 홍영의 옮김

미국 추리작가 협회의 최우수 장편상을 받은 초유의 베스트 셀러로 전쟁을 통한 두 뇌싸움을 치밀하고 밀도 있게 그려낸 추리소설.　신국판 / 342쪽 / 5,300원

레베카의 열쇠
켄 폴리트 지음 / 손연숙 옮김

최고의 모험, 폭력, 음모 그리고 미국적인 열정 속에 담긴 두 남녀의 사랑이야기를 독자들의 상상을 뒤엎는 확실한 긴장감으로 마지막까지 흥미진진한 켄 폴리트의 장편 추리소설.　신국판 / 492쪽 / 6,800원

암병선
니시무라 쥬코 지음 / 홍영의 옮김

암병선을 무대로 인간생명의 존엄성을 지키기 위해 불의와 맞서는 시라도리 선장의 꿋꿋한 의지와 애절한 암환자들의 심리가 생생하게 묘사된 근래 보기드문 걸작.
신국판 / 300쪽 / 4,800원

첫키스한 얘기 말해도 될까
김정미 외 7명 지음

이 시대의 젊은 작가 8명이 가슴속 깊이 간직했던 나만의 소중한 이야기를 살짝 털어놓은 상큼한 비밀 이야기.
신국판 / 228쪽 / 4,000원

사미인곡 上·中·下
김충호 지음

파란만장한 일생을 보낸 정철의 생애를 통해 난세를 살아가는 우리에게 삶의 지혜와 기쁨을 선사하는 대하 역사 소설.
신국판 / 각 권 5,000원

이내의 끝자리
박수완 스님 지음

앞만 보고 살아가는 우리에게 자신을 뒤돌아볼 수 있는 여유를 갖게 해주는 승려시인의 가슴을 울리는 주옥 같은 시집.
국판변형 / 132쪽 / 3,000원

너는 왜 나에게 다가서야 했는지
김충호 지음

세상에 대한 사랑의 아픔, 그리움, 영혼에 대한 고뇌를 달래야 했던 시인이 살아 있는 영혼을 지닌 이들에게 전하는 사랑의 메시지.　국판변형 / 124쪽 / 3,000원

세계의 명언
편집부 엮음

위인이나 유명인들의 글, 연설문 혹은 각 나라에서 전해져 오는 속담을 통하여 지난 날을 되새겨보는 백과전서로서, 오늘을 반성하는 교과서로서, 그리고 미래를 설계하는 참고서로서 역할을 해줄 것이다.

신국판 / 322쪽 / 5,000원

여자가 알아야 할 101가지 지혜
제인 아서 엮음 / 지창국 옮김

남녀가 함께 살면서 경험으로 터득한 의미 심장하면서도 재미있는 조언들을 발췌한 내용으로 독신의 삶을 청산하려는 이들이 알아야 할 유용하고 상상력 풍부한 힌트로 가득찬 감동의 메시지이다.

4×6판 / 132쪽 / 5,000원

현명한 사람이 읽는 지혜로운 이야기
이정민 엮음

현대를 살아가는 우리들에게 삶의 가치를 부여해주고 자기 성찰의 기회를 갖게 해준다.　신국판 / 236쪽 / 6,500원

성공적인 표정이 당신을 바꾼다
마츠오 도오루 지음 / 홍영의 옮김

자신뿐만 아니라 주위 사람들의 마이너스 사고를 플러스 사고로 바꾸어서 사람의 마음을 움직이며, 그리고 사람의 마음에 남는 최고의 웃는 얼굴을 만드는 비법 총망라! 신국판 / 240쪽/ 7,500원

태양의 법
오오카와 류우호오 지음 / 민병수 옮김

불법 진리 사상의 윤곽과 그 목적·사명을 명백히 함으로써 한사람 한사람의 인간이 깨달음을 추구하고 영적으로 깨우치기 위한 명확한 방향을 제시하였다.

신국판 / 246쪽 / 8,500원

영원의 법
오오카와 류우호오 지음 / 민병수 옮김

일찍이 설해졌던 적도 없고 앞으로도 설해지지 않을 구원의 진리를 한 권의 책에 이론적 형태로 응축한 기본 삼법의 완결편.

신국판 / 240쪽 / 8,000원

석가의 본심
오오카와 류우호오 지음 / 민병수 옮김

석가모니의 사고방식을 현대인들에 맞게 써 현대인들이 친근하게 석가모니에게 다가설 수 있게 한 불교 가이드서.

신국판 / 246쪽 / 10,000원

옛 사람들의 재치와 웃음
강형중·김경익 편저

옛 사람들의 재치와 해학을 통해 한문의 묘미를 터득하고 한자를 재미있게 배우며 유머감각까지 높일 수 있는 일석삼조의 효과 만점.   신국판 / 316쪽 / 8,000원

지혜의 쉼터
쇼펜하우어 지음 / 김충호 엮음

쇼펜하우어의 철학체계를 통하여 풍요로운 삶의 지혜를 얻고 기쁨을 얻을 수 있도록 꾸며 놓은 철학이야기.

4×6판 양장본 / 160쪽 / 4,300원

헤세가 너에게
헤르만 헤세 지음 / 홍영의 엮음

순수한 애정과 자유를 갈구하는 헤세의 아름다운 세상을 통한 깨끗한 정신세계를 공유할 수 있는 기회를 제공.

4×6판 양장본 / 144쪽 / 4,500원

사랑보다 소중한 삶의 의미
크리슈나무르티 지음 / 최윤영 엮음

금세기 최고의 사상가이자 철학자인 크리슈나무르티가 인간의 정신적 사고의 구조와 본질을 규명하여 인간의 삶에 대한 가장 완벽한 해답을 제시.

신국판 / 180쪽 / 4,000원

장자-어찌하여 알 속에 털이 있다 하는가
홍영의 엮음

동양 사상의 저변에 흐르고 있는 자연에의 경외감을 유감없이 표현한 장자를 통하여 인간 본연의 자세로 돌아가 나를 돌아보는 계기를 만들어 주는 책.

4×6판 / 180쪽 / 4,000원

논어-배우고 때로 익히면 즐겁지 아니한가
신도희 엮음

인간에게 필요불가결한 윤리와 도덕생활의 교훈들을 평이한 문체로 광범위하게 집약한 논어의 모든 것!!
4×6판 / 180쪽 / 4,000원

맹자-가까이 있는데 어찌 먼 데서 구하려 하는가
홍영의 엮음

반성과 자책을 통해 잃어버린 양심을 수습하고 선으로 복귀할 것을 천명하는 맹자 사상의 집대성!!   4×6판 / 180쪽 / 4,000원

아름다운 세상을 만드는 사랑의 메시지 365
DuMont monte Verlag 엮음 / 정성호 옮김

독일에서 출간 이후 1백만 권 이상 판매된 베스트셀러. 특별히 소중한 사람을 행복하게 만드는 독창적인 사랑고백법 365가지를 수록한 마음이 따뜻해지는 책.

4×6판 변형 양장본 / 240쪽 / 8,000원

황금의 법
오오카와 류우호오 지음 / 민병수 옮김

불법진리의 연구 및 공부를 통하여 종교적 깨달음의 깊이를 더해 주는 불서.

신국판 / 320쪽 / 12,000원

왜 여자는 바람을 피우는가?
기젤라 룬테 지음 / 김현성 · 진정미 옮김

각계 각층의 여자들과의 인터뷰를 바탕으로 하여 여자들이 바람 피우는 이유를 진솔하게 해부한 여성 탐구서.

국판 / 200쪽 / 7,000원

건 강

식초건강요법
건강식품연구회 엮음 / 신재용(해성한의원 원장) 감수

가장 쉽게 구할 수 있고 경제적인 식품이면서 상상할 수 없을 정도로 뛰어난 약효를 지닌 식초의 모든 것을 담은 건강지침서!　신국판 / 224쪽 / 6,000원

아름다운 피부미용법
이순희(한독피부미용학원 원장) 지음

피부조직에 대한 기초 이론과 우리 몸의 생리를 알려줌으로써 아름다운 피부, 젊은 피부를 오래 유지할 수 있는 비결 제시!

신국판 / 296쪽 / 6,000원

버섯건강요법
김병각 외 6명 지음

종양 억제율 100%에 가까운 96.7%를 나타내는 기적의 약용버섯 등 신비의 버섯을 통하여 암을 치료하고 비만, 당뇨, 고혈압, 동맥경화 등 각종 성인병 예방을 위한 생활 건강 지침서!　신국판 / 286쪽 / 8,000원

성인병과 암을 정복하는 유기게르마늄
이상현 편저 / 캬오 샤오이 감수

최근 들어 각광을 받고 있는 새로운 치료제인 유기게르마늄을　통한 성인병, 각종 암의 치료에 대해 상세히 소개.
신국판 / 312쪽 / 9,000원

난치성 피부병
생약효소연구원 지음

현대의학으로도 치유불가능했던 난치성 피부병인 건선 · 아토피(태열)의 완치요법이 수록된 건강 지침서.

신국판 / 232쪽 / 7,500원

新 방약합편
정도명 편역

자신의 병을 알고 증세에 맞춰 스스로 처방을 할 수 있고 조제할 수 있는 보약 506가지 수록.　신국판 / 416쪽 / 15,000원

자연치료의학
오홍근(신경정신과 의학박사 · 자연의학박사) 지음

대한민국 최초의 자연의학박사가 밝힌 신비의 자연치료의학으로 자연산물을 이용하여 부작용 없이 치료하는 건강 생활 비법 공개!!　신국판 / 472쪽 / 15,000원

약초의 활용과 가정한방
이인성 지음

주변의 흔한 식물과 약초를 활용하여 각종 질병을 간편하게 예방 · 치료할 수 있는 비법제시.　신국판 / 384쪽 / 8,500원

역전의학
이시하라 유미 지음 / 유태종 감수

일반상식으로 알고 있는 건강상식에 대해 전혀 새로운 관점에서 비판하고 아울러 새로운 방법들을 제시한 건강 혁명 서적!!
신국판 / 286쪽 / 8,500원

이순희식 순수피부미용법
이순희(한독피부미용학원 원장) 지음

자신의 피부에 맞는 관리법으로 스스로 피부관리를 할 수 있는 방법을 제시하고 책 속 부록으로 천연팩 재료 사전과 피부 타입별 팩 고르기.　신국판 / 304쪽 / 7,000원

21세기 당뇨병 예방과 치료법
이현철(연세대 의대 내과 교수) 지음

세계 최초 유전자 치료법을 개발한 저자가 당뇨병과 대항하여 가장 확실하게 이길 수 있는 당뇨병에 대한 올바른 이론과 발병시 대처 방법을 상세히 수록!
신국판 / 360쪽 / 9,500원

신재용의 민의학 동의보감
신재용(해성한의원 원장) 지음

주변의 흔한 먹거리를 이용하여 신비의 명약이나 보약으로 활용할 수 있는 건강 지침서로서 저자가 TV나 라디오에서 다 밝히지 못한 한방 및 민간요법까지 상세히

수록!!   신국판 / 476쪽 / 10,000원

치매 알면 치매 이긴다

배오성(백상한방병원 원장) 지음

B.O.S.요법으로 뇌세포의 기능을 활성화
시키고 엔돌핀의 분비효과를 극대화시켜
증상에 맞는 한약 처방을 병행하여 치매를
치유하는 획기적인 치유법 제시.

신국판 / 312쪽 / 10,000원

21세기 건강혁명 밥상 위의 보약 생식

최경순 지음

항암식품으로, 다이어트식으로, 젊고 탄력
적인 피부를 유지할 수 있게 해주는 자연
식으로의 생식을 소개하여 현대인들의 건
강 길라잡이가 되도록 하였다.

신국판 / 348쪽 / 9,800원

기치유와 기공수련

윤한홍(기치유 연구회 회장) 지음

누구나 노력만 하면 개발할 수 있고 활용
할 수 있는 기 수련 방법과 기치유 개발 방
법 소개.   신국판 / 340쪽 / 12,000원

만병의 근원 스트레스 원인과 퇴치

김지혁(김지혁한의원 원장) 지음

만병의 근원인 스트레스를 속속들이 파헤
치고 예방법까지 속시원하게 제시!!

신국판 / 324쪽 / 9,500원

김종성 박사의 뇌졸중 119

김종성 지음

우리나라 사망원인 1위. 뇌졸중 분야의 최
고 권위자인 저자가 일상생활에서의 건강
관리부터 환자간호에 이르기까지 뇌졸중
의 예방, 치료법 등 모든 것 수록.

신국판 / 356쪽 / 12,000원

탈모 예방과 모발 클리닉

장정훈 · 전재홍 지음

미용적인 측면과 우리가 일상적으로 고민
하고 궁금해 하는 털에 관한 내용들을 다
양하고 재미있게 예들을 들어가면서 흥미
롭게 풀어간 것이 이 책의 특징.

신국판 / 252쪽 / 8,000원

구태규의 100% 성공 다이어트

구태규 지음

하이틴 영화배우의 다이어트 체험서.

저자만의 다이어트법을 제시하면서 바람
직한 다이어트에 대해서도 알려준다. 건강
하게 날씬해지고 싶은 사람들을 위한 필독
서!   4×6배판 변형 / 240쪽 / 9,900원

암 예방과 치료법

이춘기 지음

암환자와 가족들을 위해서 암의 치료방법
에서부터 합병증의 예방 및 암이 생기기
전에 알 수 있는 방법에 이르기까지 상세
하게 해설해 놓은 책.

신국판 / 296쪽 / 11,000원

알기 쉬운 위장병 예방과 치료법

민영일 지음

소화기관인 위와 관련 기관들의 여러 질환
을 발병 원인, 증상, 치료법을 중심으로 알
기 쉽게 해설해 놓은 건강서.

신국판 / 328쪽 / 9,900원

이온 체내혁명

노보루 야마노이 지음 / 김병관 옮김

새로운 건강관리 이론으로 주목을 받고 있
는 음이온을 통해 건강을 돌볼 수 있는 방
법 제시.   신국판 / 272쪽 / 9,500원

어혈과 사혈요법

정지천 지음

침과 부항요법 등을 사용하여 모든 질병을
다스릴 수 방법과 우리 주변에서 흔하게
접할 수 있는 각 질병의 상황별 처치를 혈
자리 그림과 함께 해설.

신국판 / 308쪽 / 12,000원

약손 경락마사지로 건강미인 만들기

고정환 지음

경락과 민족 고유의 정신 약손을 결합시킨
약손 성형경락 마사지로 수술하지 않고도
자신이 원하는 부위를 고치는 방법을 제시
하는 건강 미용서.

4×6배판 변형 / 284쪽 / 15,000원

정유정의 LOVE DIET

정유정 지음

널리 알려진 온갖 다이어트 방법으로 살을
빼려고 노력했던 저자의 고통스러웠던 다
이어트 체험담이 실려 있어 지금 살 때문
에 고민하는 사람들이 가슴에 와 닿는 나
만의 다이어트 계획을 나름대로 세울 수
있을 것이다.

4×6배판 변형 / 196쪽 / 10,500원

머리에서 발끝까지 예뻐지는 **부분다이어트**
신상만 · 김선민 지음

한약을 먹거나 침을 맞아 살을 빼는 방법,
아로마요법을 이용한 다이어트법, 운동을
이용한 부분비만 해소법 등이 실려 있으므
로 나에게 맞는 방법을 선택해 날씬하고
예쁜 몸매를 만들 수 있을 것이다.

4×6배판 변형 / 196쪽 / 11,000원

알기 쉬운 **심장병 119**
박승정 지음

서울아산병원 심장 내과에 있는 저자가 심
장병에 관해 심장질환이 생기는 원인, 증
상, 치료법을 중심으로 내용을 상세하게
해설해 놓은 건강서.

신국판 / 248쪽 / 9,000원

알기 쉬운 **고혈압 119**
이정균 지음

생활 속의 고혈압에 관해 일반인들이 관심
을 가지고 예방할 수 있도록 고혈압의 원
인, 증상, 합병증 등을 상세하게 해설해 놓
은 건강서.   신국판 / 304쪽 / 10,000원

여성을 위한 **부인과질환의 예방과 치료**
차선희 지음

남들에게는 말할 수 없는 증상들로 고민하
고 있는 여성들을 위해 부인암, 골다공증,
빈혈 등 부인과질환을 원인 및 치료방법을
중심으로 설명한 여성건강 정보서.

신국판 / 304쪽 / 10,000원

알기 쉬운 **아토피 119**
이승규 · 임승엽 · 김문호 · 안유일 지음

감기처럼 흔하지만 암만큼 무서운 아토피
피부염의 원인에서부터 증상, 치료방법,
임상사례, 민간요법을 적용한 환자들의 경
험담 등 수록.   신국판 / 232쪽 / 9,500원

120세에 도전한다
이권행 지음

아프지 않고 건강하게 오래 살기를 바라는
현대인들에게 우리 체질에 맞는 식생활습
관, 심신 활동, 생활습관, 체질별 · 나이별
양생법을 소개. 장수하고픈 독자들의 궁금
증을 풀어줄 것이다.

신국판 / 308쪽 / 11,000원

건강과 아름다움을 만드는 요가
정판식 · 노진이 지음

책을 보고서 집에서 혼자서도 할 수 있는
요가법 수록. 각종 질병에 따른 요가 수정
체조법도 담았으며, 별책 부록으로 한눈에
보는 요가 차트 수록.

4×6배판 변형 / 224쪽 / 14,000원

우리 아이 건강하고 아름다운 **롱다리 만들기**
김성훈 지음

키 작은 우리 아이를 롱다리로 만드는 비
법공개. 식사습관과 생활습관만의 변화로
도 키를 크게 할 수 있으므로 키 작은 자녀
를 둔 부모의 고민을 해결해 준다.

대국전판 / 236쪽 / 10,500원

교 육

우리 교육의 창조적 백색혁명
원상기 지음

자라나는 새싹들이 기본적인 지식과 사고
를 종합적 · 창조적으로 발전시켜 창조적
인 사고능력을 배양할 수 있도록 한 교육
지침서.   신국판 / 206쪽 / 6,000원

현대생활과 체육
조창남 외 5명 공저

각종 현대병의 원인과 예방 및 운동요법에
대한 이론과 요즘 각광받는 골프 · 스키 ·
볼링 등의 레저스포츠 총망라한 생활체육
총서.   신국판 / 340쪽 / 10,000원

퍼펙트 MBA
IAE유학네트 지음

기존의 관련 도서들과는 달리 Top MBA로
가는 길을 상세하고 완벽하게 수록. 가장
완벽하고 충실한 최신 정보 제공.

신국판 / 400쪽 / 12,000원

유학길라잡이 Ⅰ -미국편
IAE유학네트 지음

미국의 교육제도 및 유학을 가기 위해서
준비해야 할 절차, 미국 현지 생활 정보,
최신 비자정보 등을 한눈에 볼 수 있는 유
학길잡이.   4×6배판 / 372쪽 / 13,900원

유학길라잡이 Ⅱ – 4개국편
IAE유학네트 지음

영어권 국가인 영국 · 캐나다 · 호주 · 뉴질랜드의 현지 정보 · 교육제도 및 각 국가별 학교의 특화된 교육내용 완전 수록!!
4×6배판 / 348쪽 / 13,900원

조기유학길라잡이.com
IAE유학네트 지음

영어권으로 나이 어린 자녀를 유학보내기 위해 준비중인 학부모 및 준비생들이 반드시 읽어야 할 필독서!!
영어권 나라의 교육제도 및 학교별 데이터를 완벽하게 수록하여 유학정보서의 질을 한 단계 상승시킨 결정판!!
4×6배판 / 428쪽 / 15,000원

현대인의 건강생활
박상호 외 5명 공저

현대인들의 건강한 삶을 위한 사회체육의 중요성을 강조. 건강과 체력 증진을 위한 기본상식, 노인과 건강 등 이론과 스쿼시 · 스키 · 윈드 서핑 등 레저스포츠 등의 실기편으로 이루어진 알찬 내용 수록.

4×6배판 / 268쪽 / 15,000원

천재아이로 키우는 두뇌훈련
나카마츠 요시로 지음 / 민병수 옮김

머리가 좋은 아이로 키우기 위한 환경 만들기, 식사, 운동 등 연령별 두뇌 훈련법 소개.　국판 / 288쪽 / 9,500원

테마별 고사성어로 익히는 한자
김경익 지음

세글자, 네글자로 이루어진 고사성어를 통해 실용한자를 익히고 성어 속에 담긴 의미도 오늘에 맞게 재해석 해보는 한자 학습서.　4×6배판 변형 / 248쪽 / 9,800원

生생 공부비법
이은승 지음

국내 최초 수학과외 수출의 주인공 이은승이 개발한 자기만의 맞춤식 공부학습법 소개. 공부도 하는 법을 알면 목표를 달성할 수 있다고 용기를 북돋우어 주는 실전 공부 비법서.　신국판 변형 / 272쪽 / 9,500원

김진국과 같이 배우는 와인의 세계
김진국 지음

포도주 역사에서 분류, 원료 포도의 종류와 재배, 양조 · 숙성 · 저장, 시음법, 어울리는 요리와 와인의 유통과 소비, 와인 시장의 현황과 전망, 와인 판매 요령, 와인의 보관과 재고의 회전, '와인 양조 비밀의 모든 것'을 동영상으로 제작한 CD까지, 와인의 모든 것이 담긴 종합학습서.　국배판 변형 양장본(올 컬러판) / 208쪽 / 30,000원

CEO가 될 수 있는 성공법칙 101가지
김승룡 편역

또 한 번의 경제위기를 겪고 있는 우리의 현실을 극복하고 일어설 수 있는 리더로서의 역할과 책임에 대한 명확한 해답을 제시해줄 것이다.　신국판 / 320쪽 / 9,500원

정보소프트
김승룡 지음

홍수처럼 쏟아지는 정보를 수집 · 분석하여 효과적으로 활용하는 방법을 총망라한 정보 전략 완벽 가이드!!
신국판 / 324쪽 / 6,000원

기획대사전
다카하시 겐코 지음 / 홍영의 옮김

기획에 관련된 모든 사항을 실례와 도표를 통하여 초보자에서 프로기획맨에 이르기까지 효율적으로 활용할 수 있도록 체계적으로 총망라하였다.
신국판 / 552쪽 / 19,500원

맨손창업 · 맞춤창업 BEST 74
양혜숙 지음

창업대행 현장 전문가가 추천하는 유망업종을 7가지 주제별로 나누어 수록한 맞춤창업서로 창업예비자들에게 창업의 길을 밝혀줄 발로 뛰면서 만든 실무 지침서!!

신국판 / 416쪽 / 12,000원

무자본, 무점포 창업! FAX 한 대면 성공한다

다카시로 고시 지음 / 홍영의 옮김

완벽한 FAX 활용법을 제시하여 가장 적은 자본으로 창업하려는 예비자들에게 큰 투자를 필요로 하지 않으면서 성공을 이끌어 주는 길라잡이가 되는 실무 지침서.

신국판 / 226쪽 / 7,500원

성공하는 기업의 인간경영

중소기업 노무 연구회 편저 / 홍영의 옮김

무한경쟁시대에서 각 기업들의 다양한 경영 실태 속에서 인사 · 노무 관리 개선에 있어서 기업의 효율을 높이고 발전을 이룰 수 있는 원칙을 제시.

신국판 / 368쪽 / 11,000원

21세기 IT가 세계를 지배한다

김광희 지음

21세기 화두로 떠오른 IT혁명의 경쟁력에 대해서 전문가의 논리적이고 철저한 해설과 더불어 매장 끝까지 실제 사례를 곁들여 설명.　신국판 / 380쪽 / 12,000원

경제기사로 부자아빠 만들기

김기태 · 신현태 · 박근수 공저

날마다 배달되는 경제기사를 꼼꼼히 챙겨보는 사람만이 현대생활에서 부자가 될 수 있다. 언론인의 현장감각과 학자의 전문성을 접목시킨 것이 이 책의 특성! 누구나 이 책을 읽고 경제원리를 체득, 경제예측을 할 수 있게 준비된 생활경제서적.

신국판 / 388쪽 / 12,000원

포스트 PC의 주역 정보가전과 무선인터넷

김광희 지음

포스트 PC의 주역으로 급부상하고 있는 정보가전과 무선인터넷 그리고 이를 구현하기 위한 관련 테크놀러지를 체계적으로 소개.　신국판 / 356쪽 / 12,000원

성공하는 사람들의 마케팅 바이블

채수명 지음

최근의 이론을 보완하여 내놓은 마케팅 관련 실무서. 마케팅의 정보전략, 핵심요소, 컨설팅실무까지 저자의 노하우와 창의적인 이론이 결합된 마케팅서.

신국판 / 328쪽 / 12,000원

느린 비즈니스로 돌아가라

사카모토 게이이치 지음 / 정성호 옮김

미국식 스피드 경영에 익숙해져 현실의 오류를 간과하고 있는 사람들을 위한 어떻게 팔 것인가보다 무엇을 팔 것인가를 차분히 설명하는 마케팅 컨설턴트의 대안 제시서!　신국판 / 276쪽 / 9,000원

적은 돈으로 큰돈 벌 수 있는 부동산 재테크

이원재 지음

700만 원으로 부동산 재테크에 뛰어들어 100배 불린 저자가 부동산 재테크를 계획하고 있는 사람들이 반드시 알아두어야 할 내용을 경험담을 담아 해설해 놓은 경제서.　신국판 / 340쪽 / 12,000원

바이오혁명

이주영 지음

21세기 국가간 경쟁부문으로 새로이 떠오르고 있는 바이오혁명에 관한 기초지식을 언론사에 몸담고 있는 현직 기자가 아주 쉽게 해설해 놓은 바이오 가이드서. 바이오 관련 용어 해설 수록.

신국판 / 328쪽 / 12,000원

두뇌혁명

나카마츠 요시로 지음 / 민병수 옮김

『뇌내혁명』 하루야마 시게오의 추천작!!
어른들을 위한 두뇌 개발서로, 풍요로운 인생을 만들기 위한 '뇌'와 '몸' 자극법 제시.　4×6판 양장본 / 288쪽 / 12,000원

성공하는 사람들의 자기혁신 경영기술

채수명 지음

자기 계발을 통한 신지식 자기경영마인드를 갖추어야 한다는 전제 아래 그 방법을 자세하게 알려주는 자기계발 지침서.

신국판 / 344쪽 / 12,000원

CFO

교텐 토요오 · 타하라 오키시 지음 /

민병수 옮김

일반인들에게 생소한 용어인 CFO. 세계화에 발맞추어 기업이 경쟁력을 갖추려면 CFO, 즉 최고 재무책임자의 역할이 지금까지와는 완전히 달라져야 한다. 이에 기업을 이끌어가는 새로운 키잡이로서의

CFO의 역할, 위상 등을 일본의 기업을 중심으로 하여 알아보고 바람직한 방향을 제시한다.　신국판 / 312쪽 / 12,000원

네트워크시대 네트워크마케팅
임동학 지음

학력, 사회적 지위 등에 관계 없이 자신이 노력한 만큼 돈을 벌 수 있는 네트워크마케팅에 관해 알려주는 안내서.
신국판 / 376쪽 /12,000원

성공리더의 7가지 조건
다이앤 트레이시 · 윌리엄 모건 지음 /

지창영 옮김

개인과 팀, 조직관계의 개선을 위한 방향제시 및 실천을 위한 안내자 역할을 해주는 책. 현장에서 활용할 수 있는 실용서.
신국판 / 360쪽 / 13,000원

김종결의 성공창업
김종결 지음

누구나 창업을 할 수는 있지만 아무나 돈을 버는 것은 아니다라는 전제 아래 중견 연기자로서, 음식점 사장님으로 성공한 탤런트 김종결의 성공비결을 통해 창업전략과 성공전략을 제시한다.
신국판 / 340쪽 / 12,000원

최적의 타이밍에 내 집 마련하는 기술
이원재 지음

부동산을 통한 재테크의 첫걸음 '내 집 마련'의 결정판. 체계적이고 한눈에 쏙 들어오는 '내 집 장만 과정'을 쉽게 풀어놓은 부동산재테크서.　신국판 / 248쪽 / 10,500원

컨설팅 세일즈 *Consulting sales*
임동학 지음

발로 뛰는 영업이 아니라 머리로 하는 영업이 절실히 요구되는 시대 상황에 맞추어 고객지향의 세일즈, 과제해결 세일즈, 구매자와 공급자 간에 서로 만족하는 세일즈법 제시.　대국전판 / 336쪽 / 13,000원

연봉 10억 만들기
김농주 지음

연봉으로 말해지는 임금을 재테크 하여 부자가 될 수 있는 방법 제시. 고액의 연봉을 받기 위해서 개인이 갖추어야 할 실무적 능력, 태도, 마음가짐, 재테크 수단 등을 각 주제에 따라 구체적으로 제시함으로써

부자를 꿈꾸는 사람들이 그 희망을 이룰 수 있게 해준다.
신국판 변형 / 216쪽 / 10,000원

주 식

개미군단 대박맞이 주식투자
홍성걸(한양증권 투자분석팀 팀장) 지음

초보에서 인터넷을 활용한 주식투자까지 필자의 현장에서의 경험을 바탕으로 한 주식 성공전략의 모든 정보 수록.
신국판 / 310쪽 / 9,500원

알고 하자! 돈 되는 주식투자
이길영 외 2명 공저

일본과 미국의 주식시장을 철저한 분석과 데이터화를 통해 한국 주식시장의 투자의 흐름을 파악함으로써 한국 주식시장에서의 확실한 성공전략 제시!!
신국판 / 388쪽 / 12,500원

항상 당하기만 하는 개미들의 매도 · 매수타이밍 999% 적중 노하우
강경무 지음

승부사를 꿈꾸며 와신상담하는 모든 이들에게 희망의 등불이 될 것을 확신하는 Jusicman이 주식시장에서 돈벌고 성공할 수 있는 비결 전격공개!!

신국판 / 336쪽 / 12,000원

부자 만들기 주식성공클리닉
이창희 지음

저자의 경험담을 섞어서 주식이란 무엇인가를 풀어서 써놓은 주식입문서. 초보자와 자신을 성찰해볼 기회를 가지려는 기존의 투자자를 위해 태어났다.
신국판 / 372쪽 / 11,500원

선물 · 옵션 이론과 실전매매
이창희 지음

선물과 옵션시장에서 일반인들이 실패하는 원인을 분석하고, 반드시 지켜야 할 투자원칙에 따라 유형별로 실전 매매 테크닉을 터득함으로써 투자를 성공적으로 할 수 있게 한 지침서!!　신국판 / 372쪽 / 12,000원

너무나 쉬워 재미있는 주가차트
홍성무 지음

주식시장에서는 차트 분석을 통해 주가를
예측하는 투자자만이 주식투자에서 성공
하므로 차트에서 급소를 신속, 정확하게
뽑아내 매매타이밍을 잡는 방법을 알려주
는 주식투자 지침서.
4×6배판 / 216쪽 / 15,000원

역 학

역리종합 만세력
정도명 편저

현존하는 만세력 중 최장 기간을 수록하였
으며 누구나 이 책을 보고 자신의 사주를
쉽게 찾아보고 맞춰 볼 수 있게 하였다.
신국판 / 532쪽 / 10,500원

작명대전
정보국 지음

독자들 스스로 작명할 수 있도록 한글 소리
발음에 입각한 작명의 원리를 밝힌 길라잡이
서. 신국판 / 460쪽 / 12,000원

하락이수 해설
이천교 편저

점서학인 하락이수를 직역으로 풀어 놓아
원작자의 깊은 뜻을 원형 그대로 전달하고
원문을 공부하려는 사람들에게 도움이 되
는 해설서이다. 신국판 / 620쪽 / 27,000원

현대인의 창조적 관상과 수상
백운산 지음

관상학을 터득하여 적절히 운명에 대처해
나감으로써 어느 분야에서든지 성공적인
삶을 누릴 수 있는 비법을 전해줄 것이다.

신국판 / 344쪽 / 9,000원

대운용신영부적
정재원 지음

수많은 역사와 신비로운 영험을 지닌
1,000여 종의 부적과 저자가 수십 년간 연
구·개발한 200여 종의 부적들을 집대성
한 국내 최대의 영부적이다.

신국판 양장본 / 750쪽 / 39,000원

사주비결활용법
이세진 지음

컴퓨터와 역학의 만남!! 운명의 숨겨진
비밀을 꿰뚫어 보는 신녹현사주 방정식의
모든 것을 수록. 신국판 / 392쪽 / 12,000원

컴퓨터세대를 위한 新 성명학대전
박용찬 지음

이름 속에 운명을 바꾸는 비결이 있다. 태
어난 아기 이름은 물론 개명·상호·아호
짓는 법까지 사람이 살아가면서 필요한 모
든 이름 짓기가 총망라되어 각자의 개성과
사주에 맞게 이름을 짓는 작명비법을 수
록. 신국판 / 388쪽 / 11,000원

길흉화복 꿈풀이 비법
백운산 지음

길몽과 흉몽을 구분하여 그림과 함께 보기
쉽게 엮었으며, 특히 요즘 신세대 엄마들
에게 관심이 많은 태몽이 여러 가지로 자
세하게 풀이되어 있다.
신국판 / 410쪽 / 12,000원

새천년 작명컨설팅
정재원 지음

혼자 배워야 하는 독자들도 정말 이해하기
쉽도록 구성된 신세대 부모를 위한 쉽고
좋은 아기 이름만들기의 결정판.
신국판 / 470쪽 / 13,000원

백운산의 신세대 궁합
백운산 지음

남녀궁합 보는 법뿐만 아니라 인간관계,
출세, 재물, 자손문제, 건강문제, 성격, 길
흉관계 등을 미리 규명할 수 있도록 쉽게
풀어놓았다. 신국판 / 304쪽 / 9,500원

동자삼 작명학
남시모 지음

최초의 한글 성명학으로 한글의 독창성·
우수성·과학성을 운명철학 차원에서 검
증한, 한국사람에게 알맞은 건물명·상
호·물건명 등의 이름을 자신에게 맞는 한
글이름으로 지을 수 있는 작명비법을 제시
한다. 신국판 / 496쪽 / 15,000원

구성학의 기초
문길여 지음

방위학의 모든 것을 통하여 개인의 일생운·결혼운·사고운·가정운·부부운·자식운·출세운을 성공적으로 이끄는 비법 공개. 신국판 / 412쪽 / 12,000원

법률 일반

여성을 위한 성범죄 법률상식
조명원(변호사) 지음

성희롱에서 성폭력범죄까지 여성이었기 때문에 특히 말 못하고 당해야만 했던 이 땅의 여성들을 위한 성범죄 법률상식서. 사례별 법적 대응방법 제시.

신국판 / 248쪽 / 8,000원

아파트 난방비 75% 절감방법
고영근 지음

예비역 공군소장이 잘못 부과된 아파트 난방비를 최고 75%까지 줄일 수 있는 방법을 구체적인 법적 근거를 토대로 작성한 아파트 난방비 절감방법 제시.

신국판 / 238쪽 / 8,000원

일반인이 꼭 알아야 할 절세전략 173선
최성호(공인회계사) 지음

세법을 제대로 알면 돈이 보인다. 현직 공인중계사가 알려주는 합법적으로 세금을 덜 내고 돈을 버는 절세전략의 모든 것! 신국판 / 392쪽 / 12,000원

변호사와 함께하는 부동산 경매
최환주(변호사) 지음

새 상가건물임대차보호법에 따른 권리분석과 채무자나 세입자의 권리방어기법을 제시한다. 또한 새 민사집행법에 따른 각 사례별 해설도 수록.

신국판 / 404쪽 / 13,000원

혼자서 쉽고 빠르게 할 수 있는 소액재판
김재용·김종철 공저

나홀로 소액재판을 할 수 있도록 소장작성에서 판결까지의 실제 재판과정을 상세하게 수록하여 이 책 한 권이면 모든 것을 완벽하게 해결할 수 있다.

신국판 / 312쪽 / 9,500원

"술 한 잔 사겠다"는 말에서 찾아보는 채권·채무
변환철 지음

일반인들이 꼭 알아야 할 채권·채무에 관한 법률 사항을 빠짐없이 수록.

신국판 / 408쪽 / 13,000원

알기쉬운 부동산 세무 길라잡이
이건우 지음

부동산에 관련된 모든 세금을 알기 쉽게 단계별로 해설. 합리적이고 탈세가 아닌 적법한 절세법 제시.

신국판 / 400쪽 / 13,000원

알기쉬운 어음, 수표 길라잡이
변환철(변호사) 지음

어음, 수표의 발행에서부터 도난 또는 분실한 경우의 공시최고와 제권판결에 이르기까지 어음, 수표 관련 법률사항을 쉽고도 상세하게 압축해 놓은 생활법률서.

신국판 / 328쪽 / 11,000원

제조물책임법
강동근·윤종성 공저

제품의 설계, 제조, 표시상의 결함으로 소비자가 피해를 입었을 때 제조업자가 배상책임을 져야 하는 제조물책임 시대를 맞아 제조업자가 갖춰야 할 법률적 지식을 조목조목 설명해 놓은 법률서.

신국판 / 368쪽 / 13,000원

알기 쉬운

주5일근무에 따른 임금·연봉제 실무
문강분 지음

최근의 행정해석과 판례를 중심으로 임금 관련 문제를 정리하고 기업에서 관심이 많은 연봉제 및 성과배분제, 비정규직문제, 여성근로자문제 등의 이슈들과 주40시간제 법개정, 퇴직연금제 도입 등 최근의 법·시행령 개정사항을 모두 수록한 임금·연봉제실무 지침서.

4×6배판 변형 / 544쪽 / 35,000원

변호사 없이 당당히 이길 수 있는 형사소송
김대환 지음

우리 생활과 함께 숨쉬는 형사법 서식을

구체적인 사례와 함께 소개. 내 손으로 간결하고 명확한 고소장 · 항소장 · 상고장 등 형사소송서식을 작성할 수 있다. 형사소송 관련 서식 디스켓 수록.

신국판 / 304쪽 / 13,000원

생활법률

부동산 생활법률의 기본지식
대한법률연구회 지음 / 김원중 감수

부동산관련 기초지식과 분쟁해결을 위한 노하우, 테크닉을 제시하고 권두 특집으로 주택건설종합계획과 부동산 관련 정부 주요 시책을 소개하였다.

신국판 / 480쪽 / 12,000원

고소장 · 내용증명 생활법률의 기본지식
하태웅 지음

스스로 고소 · 고발장을 작성할 수 있도록 예문과 서식을 함께 소개. 또 민사소송에 대해서도 자세하게 설명.

신국판 / 440쪽 / 12,000원

노동 관련 생활법률의 기본지식
남동희 지음

4만 여 건 이상의 무료 상담을 계속하고 있는 저자의 상담 사례를 통해 문답식으로 풀어나가는 노동 관련 생활법률 해설의 최신 결정판.　신국판 / 528쪽 / 14,000원

외국인 근로자 생활법률의 기본지식
남동희 지음

외국인 연수협력단의 자문위원으로 오랜 시간 실무를 접했던 저자의 경험을 바탕으로 외국인 근로자의 체류자격 및 취업자격 등 법적 문제와 법률적 지위를 상세하게 다루었다.　신국판 / 400쪽 / 12,000원

계약작성 생활법률의 기본지식
이상도 지음

국민생활과 직결된 계약법의 기초를 이루는 핵심 기본지식을 간단명료한 해설 및 관련 계약서 작성 예문과 함께 제시.

신국판 / 560쪽 / 14,500원

지적재산 생활법률의 기본지식
이상도 · 조의제 공저

현대 산업사회에서 중요시되고 있는 특허, 실용신안, 의장, 상표, 저작권, 컴퓨터프로그램저작권 등 지적재산의 모든 것을 체계화하여 한 권으로 요약하였다.

신국판 / 496쪽 / 14,000원

부당노동행위와 부당해고 생활법률의 기본지식
박영수 지음

노사관계 핵심사항인 부당노동행위와 정리해고 · 징계해고를 중심으로 간단 명료한 해설과 더불어 대법원 판례, 노동위원회에 의한 구제절차, 소송절차 및 노동부 업무처리지침을 소개.

신국판 / 432쪽 / 14,000원

주택 · 상가임대차 생활법률의 기본지식
김운용 지음

전세업자들이 보증금 반환소송이나 민사소송, 경매절차까지의 기본적인 흐름을 알 수 있도록 인터넷을 통한 실제 법률 상담을 전격 수록.　신국판 / 480쪽 / 14,000원

하도급거래 생활법률의 기본지식
김진흥 지음

경제적 약자인 하도급업자를 위하여 하도급거래 관련 필수적인 법률사안들을 쉽게 해설함과 동시에 실무에 필요한 12가지 하도급표준계약서를 소개.

신국판 / 440쪽 / 14,000원

이혼소송과 재산분할 생활법률의 기본지식
박동섭 지음

이혼과 관련하여 해결해야 할 법률문제들을 저자의 실무경험을 바탕으로 명쾌하게 해설하였다. 아울러 약혼이나 사실혼파기로 인한 위자료문제도 함께 다루어 가정문제로 고민하는 사람들에게 길잡이가 되도록 하였다.　신국판 / 460쪽 / 14,000원

부동산등기 생활법률의 기본지식
정상태 지음

등기를 하지 않으면 어떤 위험이 따르고, 등기를 하면 어떤 효력이 생기는가! 등기신청은 어떻게 하며, 필요한 서류는 무엇이고, 등기종류에는 어떤 것들이 있는가

등 부동산등기 전반에 걸쳐 일반인이 꼭 알아야 할 법률상식을 간추려 간단, 명료하게 해설하였다. 신국판 / 456쪽 / 14,000원

기업경영 생활법률의 기본지식
안동섭 지음

사업을 구상하고 있는 사람이나 현재 경영하고 있는 사람 및 관리실무자에게 필요한 법률을 체계적으로 알려주고 관련 법률서식과 서식작성 예문도 함께 소개.

신국판 / 466쪽 / 14,000원

교통사고 생활법률의 기본지식
박정무 · 전병찬 공저

교통사고 당사자가 쉽게 응용할 수 있도록 단계별 해결책을 제시함과 동시에 사고유형별 Q&A를 통하여 상세한 법률자문 역할을 하였다. 신국판 / 480쪽 / 14,000원

소송서식 생활법률의 기본지식
김대환 지음

일상생활과 밀접한 소송서식을 중심으로 소장작성부터 판결을 받을 때까지 그 서식작성요령을 서식마다 항목별로 자세하게 설명하였다. 신국판 / 480쪽 / 14,000원

호적 · 가사소송 생활법률의 기본지식
정주수 지음

개명, 성 · 본 창설, 취적절차 및 법원의 허가 및 판결에 의한 호적정정절차, 친권 · 후견절차, 실종선고 · 부재선고절차에 상세한 해설과 함께 신고서식 작성요령과 구비할 서류 및 재판절차에 대하여 자세히 설명. 신국판 / 516쪽 / 14,000원

상속과 세금 생활법률의 기본지식
박동섭 지음

상속재산분할, 상속회복청구, 유류분반환청구, 상속세부과처분취소 등 상속관련 사건들을 해결하는 데 도움이 되도록 상속법과 상속세법을 상세하게 함께 수록.
신국판 / 480쪽 / 14,000원

담보 · 보증 생활법률의 기본지식
류창호 지음

살아가다 보면 담보를 제공하거나 보증을 서는 일이 비일비재하다. 이렇게 담보를 제공하거나 보증을 섰는데 문제가 생겼을 때의 해결방법을 법조항 설명과 함께 실례를 실어 알아 본다. 신국판 / 436쪽 / 14,000원

소비자보호 생활법률의 기본지식
김성천 지음

소비자의 권리 실현 보장 관련 법률 및 소비자 파산 문제를 상세한 해설 · 판례와 함께 모두 수록. 신국판 / 504쪽 / 15,000원

처 세

성공적인 삶을 추구하는 여성들에게 우먼파워
조안 커너 · 모이라 레이너 공저 / 지창영 옮김

사회의 여성을 향한 냉대와 편견의 벽을 깨뜨리고 성공적인 삶을 이루려는 여성들이 갖추어야 할 자세 및 삶의 이정표 제시!! 신국판 / 352쪽 / 8,800원

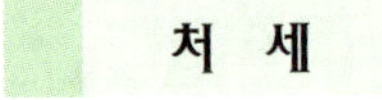 이익이 되는 말 話 손해가 되는 말
우메시마 미요 지음 / 정성호 옮김

직장이나 집안에서 언제나 주고받는 일상의 화제를 모아 실음으로써 대화의 참의미를 깨닫고 비즈니스를 성공적으로 이끌기 위한 대화술을 키우는 방법 제시!!
신국판 / 304쪽 / 9,000원

성공하는 사람들의 화술테크닉
민영욱 지음

개인간의 사적인 대화에서부터 대중을 위한 공적인 강연에 이르기까지 어떻게 말하고 어떻게 스피치를 할 것인가에 관한 지침서. 신국판 / 320쪽 / 9,500원

부자들의 생활습관 가난한 사람들의 생활습관
다케우치 야스오 지음 / 홍영의 옮김

경제학의 발상을 기본으로 하여 사람들이 살아가면서 생활에서 생각해 볼 수 있는 이익을 보는 생활습관과 손해를 보는 생활습관을 수록, 독자 자신에게 맞는 생활습관의 기본 전략을 설계할 수 있도록 제시.
신국판 / 320쪽 / 9,800원

코끼리 귀를 당긴 원숭이
-히딩크식 창의력을 배우자
강충인 지음

코끼리와 원숭이의 우화를 히딩크의 창조

적 경영기법과 리더십에 대비하여 자기혁신, 기업혁신을 꾀하는 창의력 개발법을 제시. 신국판 / 208쪽 / 8,500원

성공하려면 유머와 위트로 무장하라
민영욱 지음

21세기에 들어 새로운 추세를 형성하고 있는 말 잘하기. 이러한 추세에 맞추어 현재 스피치 강사로 활약하고 있는 저자가 말을 잘하는 방법과 유머와 위트를 만들고 즐기는 방법을 제시한다.
신국판 / 292쪽 / 9,500원

등소평의 오뚝이전략
조창남 편저

중국 역사상 정치·경제·학문 등의 분야에서 최고 위치에 오른 리더들의 인재활용, 상황 극복법 등 처세 전략·전술을 통해 이 시대의 성공인으로 자리매김하는 해법 제시. 신국판 / 304쪽 / 9,500원

노무현 화술과 화법을 통한 이미지 변화
이현정 지음

현재 불교방송에서 활동하고 있는 이현정 아나운서의 화술 길라잡이서. 노무현 대통령의 독특한 화술과 화법을 통해 리더로서, 성공인으로서 갖추어야 할 화술 화법을 배우는 화술 실용서.
신국판 / 320쪽 / 10,000원

성공하는 사람들의 토론의 법칙
민영욱 지음

다양한 사람들의 다양한 욕구를 하나로 응집시키는 수단으로 등장하고 있는 토론에 관해 간단하고 쉽게 제시한 토론 길라잡이서. 신국판 / 280쪽 / 9,500원

사람은 칭찬을 먹고산다
민영욱 지음
말 한마디에 천냥 빚을 갚는다는 속담이 있다. 현대에서 성공하는 사람으로 남기 위해서는 남을 칭찬할 줄도 알아야 한다. 성공하는 사람이 되기 위해서 알아야 할 칭찬 스피치의 기법, 특징 등을 실생활에 적용해 설명해놓은 성공처세 지침서.
신국판 / 268쪽 / 9,500원

사과의 기술
김농주 지음
미안하다는 말에 인색한 한국인들에게 "I'm sorry."가 성공을 위한 처세 기법으로 다가온다. 직장, 가정 등 다양한 환경에서 사과 한마디의 의미, 기능을 알아보고 효율성을 가진 사과가 되기 위해 갖추어야 할 조건을 제시한다.
신국판 변형 양장본 / 200쪽 / 10,000원

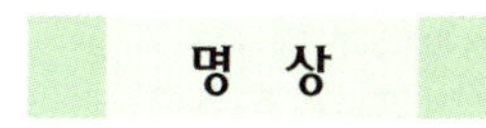

명상으로 얻는 깨달음
달라이 라마 지음 / 지창영 옮김

티베트의 정신적 지도자이자 실질적 지도자인 달라이 라마의 수많은 가르침 가운데 현대인에게 필요해지고 있는 인내에 대한 이야기. 국판 / 320쪽 / 9,000원

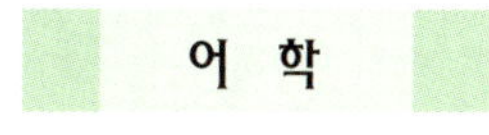

2진법 영어
이상도 지음

2진법 영어의 비결을 통해서 기존 영어학습 방법의 단점을 말끔히 해소시켜 주는 최초로 공개되는 고효율 영어학습 방법. 적은 시간을 투자하여 영어의 모든 것을 획기적으로 향상시킬 수 있는 비법을 제시한다. 4×6배판 변형 / 328쪽 / 13,000원

한 방으로 끝내는 영어
고제윤 지음

일상생활에서의 이야기를 바탕으로 하는 영어강의로 영어문법은 재미없고 지루하다고 생각하는 이 땅의 모든 사람들의 상식을 깨면서 학습 효과를 높이기 위한 공부방법을 제시하는 새로운 영어학습서.
신국판 / 316쪽 / 9,800원

한 방으로 끝내는 영단어
김승엽 지음 / 김수경·카렌다 감수

일상생활에서 우리가 무심코 던지는 영어 한마디가 당신의 영어수준을 드러낸다는 사실을 깨닫게 하는 영어 실용서. 풍부한 예문을 통해 참영어를 배우겠다는 사람,

무역업이나 관광 안내업에 종사하는 사람, 영어권 나라로 이민을 가려는 사람들에게 많은 도움을 줄 것이다.

4×6배판 변형 / 236쪽 / 9,800원

해도해도 안 되던 영어회화 하루에 30분씩 90일이면 끝낸다

Carrot Korea 편집부 지음

온라인과 오프라인을 넘나들면서 영어학습자들의 각광을 받고 있는 린다의 현지생활 영어 수록. 교과서에서 배울 수 없었던 생생한 실생활 영어를 90일 학습으로 모두 끝낼 수 있다.

4×6배판 변형 / 260쪽 / 15,000원

바로 활용할 수 있는 기초생활영어

김수경 지음

다양한 상황에 대처할 수 있도록 인사나 감정 표현, 전화나 교통, 장소 및 기타 여러 사항에 관한 기초생활영어를 총망라.

신국판 / 240쪽 / 10,000원

바로 활용할 수 있는 비즈니스영어

김수경 지음

해외 출장시, 외국의 바이어 접견시 기본적으로 사용할 수 있는 상황별 센텐스를 수록하여 해외 출장 준비 및 외국 바이어 접견을 완벽하게 끝낼 수 있게 했다.

신국판 / 252쪽 / 10,000원

생존영어55

홍일록 지음

살아 있는 영어를 익힐 수 있는 기회 제공. 반드시 알아야 할 핵심 센텐스를 저자가 미국 현지에서 겪었던 황당한 사건들과 함께 수록, 재미도 느낄 수 있다.

신국판 / 224쪽 / 8,500원

필수 여행영어회화

한현숙 지음

해외로 여행을 갔을 때 원어민에게 바로 통할 수 있는 발음 수록. 자신 있고 당당한 자기 표현으로 즐거운 여행을 할 수 있도록 손안의 가이드 역할을 해줄 것이다.

4×6판 변형 / 328쪽 / 7,000원

필수 여행일어회화

윤영자 지음

가깝고도 먼 나라라고 흔히 말해지는 일본을 제대로 알기 위해, 일본을 체험해보기 위해 노력하는 사람들에게 손안의 가이드 역할을 하는 실전 일어회화집. 일어 초보자들을 위한 한글 발음 표기 및 필수 단어 수록. 4×6판 변형 / 264쪽 / 6,500원

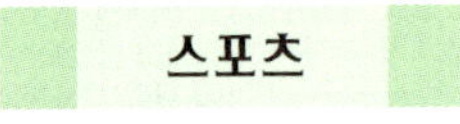

수열이의 브라질 축구 탐방 삼바 축구, 그들은 강하다

이수열 지음

축구에 대한 관심만으로 각 나라의 축구팀, 특히 브라질 축구팀에 애정을 가지고 브라질 축구팀의 전력 및 각 선수들의 장단점을 나름대로 분석하고 연구하여 자신의 의견을 피력하고 있는 축구 길라잡이서. 신국판 / 280쪽 / 8,500원

마라톤, 그 아름다운 도전을 향하여

빌 로저스 · 프리실라 웰치 · 조 헨더슨 공저 / 오인환 감수 / 지창영 옮김

마라톤에 입문하고자 하는 초보 주자들을 위한 마라톤 가이드서. 올바르게 달리는 법, 음식 조절법, 달리기 전 준비운동, 주자에게 맞는 프로그램 짜기, 부상 예방법을 상세하게 설명하고 있다.

4×6배판 / 320쪽 / 15,000원

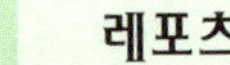

퍼팅 매커닉

이근택 지음

감각에 의존하는 기존 방식의 퍼팅은 이제 그만!!
저자 특유의 과학적 이론을 신체근육 운동학에 접목시켜 몸의 무리를 최소한으로 덜고 최대한의 정확성과 거리감을 갖게 하는 새로운 퍼팅 메커닉 북.

4×6배판 변형 / 192쪽 / 18,000원

아마골프 가이드
정영호 지음

골프를 처음 시작하는 모든 아마추어 골퍼를 위해 보다 쉽고 빠르게 이해할 수 있도록 내용이 구성된 아마골프 레슨 프로그램서.   4×6배판 변형 / 216쪽 / 12,000원

인라인스케이팅 100%즐기기
임미숙 지음

레저 문화에 새로운 강자로 자리매김하고 있는 인라인 스케이팅을 안전하고 재미있게 즐길 수 있도록 알려주는 인라인 스케이팅 지침서. 각단계별 동작을 한눈에 알아볼 수 있도록 세부 동작별 일러스트 수록.   4×6배판 변형 / 172쪽 / 11,000원

배스낚시 테크닉
이종건 지음

현재 한국배스스쿨에서 강사로 활약하고 있는 아마추어 배스 낚시꾼이 중급 수준의 배스 낚시꾼들이 자신의 실력을 한 단계 업그레이드 시킬 수 있도록 루어의 활용, 응용법 등을 상세하게 해설.
4×6배판 / 440쪽 / 20,000원

나도 디지털 전문가 될 수 있다!!!
이승훈 지음

깜찍한 디자인과 간편하게 휴대할 수 있다는 장점 때문에 새로운 생활필수품으로 자리를 잡아가고 있는 디카 · 디캠을 짧은 시간 안에 쉽게 배울 수 있도록 해놓은 초보자를 위한 디카 · 디캠길라잡이서.
4×6배판 / 320쪽 / 19,200원

스키 100% 즐기기
김동환 지음

스키 인구의 확산 추세에 따라 스키의 기초 이론 및 기본 동작부터 상급의 기술까지 단계별 동작을 전문가의 동작사진을 곁들여 내용 구성.
4×6배판 변형 / 184쪽 / 12,000원

태권도 총론
하웅의 지음

우리의 국기 태권도에 관한 실용 이론서. 지도자가 알아야 할 사항, 태권도장 운영 이론, 응급처치법 및 태권도 경기규칙 등 필수 내용만 수록.
4×6배판 / 288쪽 / 15,000원

건강하고 아름다운 동양란 기르기
난마을 지음

동양란 재배의 첫걸음부터 전시회 출품까지 동양란의 모든 것 수록. 동양란의 구조 · 특징 · 종류 · 감상법, 꽃대 관리 · 꽃 피우기 · 발색 요령 등 건강하고 아름다운 동양란 만들기로 구성.
4×6배판 변형 / 184쪽 / 12,000원